2015年主题出版重点出版物

西藏故事：

50个人的50年

纪念西藏自治区成立50周年

廖嘉兴 主编

西藏人民出版社
天津出版传媒集团
天津人民出版社

图书在版编目(CIP)数据

西藏故事：50个人的50年：纪念西藏自治区成立50
周年 / 廖嘉兴主编. -- 拉萨：西藏人民出版社，2016.12
ISBN 978-7-223-05040-1

Ⅰ.①西… Ⅱ.①廖… Ⅲ.①人物–先进事迹–西藏
–现代 Ⅳ.①K820.875

中国版本图书馆 CIP 数据核字(2016)第 054677 号

西藏故事
XIZANG GUSHI

廖嘉兴 主编

出　　版	西藏人民出版社 天津人民出版社
出 版 人	黄沛
地　　址	天津市和平区西康路 35 号康岳大厦
邮政编码	300051
邮购电话	(022)23332469
网　　址	http://www.tjrmcbs.com
电子信箱	tjrmcbs@126.com

责任编辑	郑桂森　梁国春　郭晓斐 任　洁　张　璐　赵子源
装帧设计	汤　磊

印　　刷	高教社(天津)印务有限公司
经　　销	新华书店
开　　本	787×1092 毫米　1/16
印　　张	23
字　　数	300 千字
版次印次	2016 年 12 月第 1 版　2016 年 12 月第 1 次印刷
定　　价	68.00 元

编 委 会

序

　　1965 年 9 月 1 日,经过和平解放、民主改革,西藏自治区宣告成立, 这标志着民族区域自治制度在西藏正式确立,西藏实现了由封建农奴制一步迈入社会主义制度的历史性跨越,西藏人民从此与全国各族人民一道走上了社会主义道路。

　　2015 年是西藏自治区成立 50 周年, 西藏自治区走过的 50 年,是党的民族政策取得伟大胜利的 50 年,是我国民族区域自治制度获得巨大成功的 50 年,是全区各民族共同团结奋斗、共同繁荣发展的 50 年。

　　50 年来,西藏发生了难以想象的变化。百万翻身农奴当家做主,拥有了自己的土地,不再受三大领主的剥削和压迫。适龄儿童走进了学校,享受义务教育。从土坯房到高楼大厦,从泥泞的羊肠小道到今天的柏油马路,从没有电话到今天的各种高科技通讯网络,今昔对比,西藏各族人民通过短短几十年,跨越了上千年的历史变革,进入全面建成小康社会决定性阶段。在物质文明进步的同时,西藏的优秀传统文化得到了很好的传承,人们的宗教信仰自由得到了普遍的尊重,良好的生态环境得到了有力的保护。

"短短几十年,跨越上千年。"历史不能忘记,回头看看西藏自治区所走过的每一段路程,都与党中央的亲切关怀、全国人民的大力援助、西藏各族人民的艰苦奋斗分不开。

《西藏故事:50个人的50年——纪念西藏自治区成立50周年》遵循"小故事大主题"的创作理念,书中选取的人物皆为那些工作、生活在西藏的普通人,他们都是时代的见证人,比如:农奴出身的老人、传统藏戏的传承人、正走向小康的藏族农民、发扬藏族传统书法技艺的人、不愿离开的援藏老干部……

本书带领读者走进他们的真实生活,了解他们的过去与现在,见证西藏在现代化进程中发生的巨大变化,见证西藏人民为实现全面建成小康社会的宏伟目标,谱写中华民族伟大复兴中国梦的西藏篇章而努力奋斗的历程。

目 录

格桑文化

大爱西藏

援藏情深

雪域故事

革命传统永放光芒

——访中共西藏自治区党委原第一书记阴法唐

在西藏工作要有"长期建藏、边疆为家"的思想

"在西藏工作要有'长期建藏、边疆为家'的思想。"老书记由此回忆起西藏往事。

1949 年中华人民共和国成立后，中共中央根据国际国内形势，做出了和平解放西藏的重大决定。毛泽东同志用"进军西藏宜早不宜迟，否则夜长梦多"表达了中央对和平解放西藏的迫切心情。

很快，在 1950 年元旦，解放西藏这个"非常重要、非常艰巨、非常光荣"的任务就交到了第二野战军十八军的肩上。

但是，经过长期作战，刚解放完大西南，部队要休整。有的干部甚至在考虑安家过上稳定的生活，突然要离开舒适富饶的"天府之国"，到物质条件落后、环境恶劣、高寒艰苦

1995年，阴法唐在罗布林卡与游园群众交谈

的西藏去，广大指战员的思想受到很大震动。

当时，中央对西藏的实际情况也不了解，为了鼓舞士气，提出了"进军西藏三年一换"的口号。

阴法唐说，其实这才是最初进藏的口号。"大家一听，思想上的负担就没那么大了：建设西藏哪怕再艰苦，三年不就回来了嘛。大家的积极性也开始提高了。"

"但是进藏谈何容易，高山险阻，路途遥远，如果三年一换，大家还没有站稳脚跟就该回去了，又如何全心全意地建设西藏呢？"

后来中央认识到这个问题,就提出了"长期建藏"的口号。

"不过,进军西藏前的物质准备、作战准备很复杂。怎么爬山、怎么适应高原气候,学习政策、制定政策,每天还要学习一个小时的藏语,千头万绪,纷繁复杂,根本顾不上解决大家的思想问题。"阴法唐讲道。真正开始贯彻"长期建藏"思想是在昌都战役后。当时,主持十八军五十二师党政工作并兼任中共昌都工委委员、昌都解放委员会委员的阴法唐在部队开办了"学习班",重点就是解决指战员们的思想问题:从"三年一换"转变为"长期建藏"。

"听说'长期建藏'的口号后,同志们的表现特别有意

2011年7月,阴法唐在江孜宗山广场

思,有的说干四五年吧,有的试探地问七八年行不,也有的干脆说死在西藏算了。当然这里面有真话也有赌气的话。"讲到和自己出生入死的战友们的那点"小肚鸡肠",老书记沉浸在回忆中,乐呵呵地笑了起来。

昌都战役虽然成功实现了以打促和,但在迎来"和平谈判"的胜利同时,部队也有很大的牺牲。那些为解放西藏而长眠于雪山的战友,为了和平谈判而流淌的鲜血,让进藏部队的思想慢慢有了变化,特别是进驻拉萨后,部队组织开展誓师大会、各种代表会议,学习建藏思想,大家才逐步形成了"长期建藏,边疆为家"的思想。

"西藏本来就是中国的一部分,解放西藏、建设西藏是全国各族人民的共同的责任。在西藏工作,必须首先树立和奠定'长期建藏'的思想,否则就会把建设西藏看成一个额外的负担,成为一种任务观、临时观,甚至是个人的'荣誉观'。"阴法唐说。

"自力更生、艰苦创业"的光荣传统永不过时

2010年10月,深秋的北京。

德胜门,旧时将军出征的地方,一个名叫大拐棒子胡同的深巷里,当记者说明来意,警卫热情地说:"阴政委(阴法唐曾

2004 年 10 月 19 日,阴法唐和李国柱在青藏铁路两桥一洞工程现场询问情况

担任过二炮副政委)吩咐过,凡是西藏来的朋友一律通行。"

这份"优待"顿时舒缓了记者紧张的心情。其实,在看到阴法唐同志的那一刻,我们才发现一切紧张都是多余的。

十多平方米的客厅简单整洁,青灰色的瓷砖静静地述说着它们已有许多个年头,和它们相配的是已褪色的老式暗红沙发,整个屋子和它的主人一样散发着历史厚重的气息。

老书记刚起床,他一边扣衬衣扣子,一边热情地招呼我们。衬衣旧巴巴的,看得出已穿了很多年。

茶几上摆着苹果，老书记非要我们一人吃一个，那坚决的神情不容推辞——在西藏社会主义革命和社会主义建设初期，水果曾经是奢侈品，是那样的金贵。

在这个摆设着老式家具的老屋里，我们开始了交谈。

"进军西藏，不吃地方"，这是中央给进藏部队下达的死命令。

"这个政策是必须严格执行的。如果在老百姓手中买得太多，老百姓自己都没有吃的，他们如何负担得起，又怎能做好民族团结工作呢？"

"依靠后方运输粮食，是保障进藏部队站稳脚跟的一个途径。但没有路，粮食也送不进来。"虽然当时中国与印度有贸易往来，但无法满足人们生产、生活的需求。"西藏的运输是由当地商人垄断的，钢材、粮食、机器等重要物资他们不卖给解放军，而手表等货物虽然便宜，却不是我们所需要的物品。"阴法唐解释道。

买不到、送不进，那怎么办？只有靠自力更生了。

1952年，进藏部队刚放下背包，就拿起了铁锹开荒生产。"西藏反动派上层想把我们饿走、赶走，我们偏要扎下根来搞建设。"

刚成立的西藏工委通过与噶厦地方政府协商，在拉萨西郊购得一片河滩荒地。战士们你追我赶，互帮互助，比质量、赛工效，到 12 月 13 日，就开荒 2300 多亩；为了给土地增肥，驻拉萨机关、部队全体人员铲平了布达拉宫前面几百年来堆积成小山的粪土、垃圾，扫清了市区各处陈年的粪堆，掏光了许多大户人家的厕所。

驻昌都、江孜、日喀则、太昭（今工布江达县）、察隅及阿里地区的部队，也都在十分艰难的条件下开荒生产，播下了建设西藏的第一批种子。

"1952 年，全区部队共开荒 1 万亩，收获青稞 38.5 万公斤，可自给粮食两个月；收获蔬菜 80.5 万公斤，基本达到了自给。"阴法唐的言语里满是满意和自豪。

进藏部队和工作人员的开荒生产，同时也在那些视解放军为主心骨的藏族老百姓中产生了积极的影响，他们不再担心解放军"会像水一样地流走了"，藏汉人民逐步建立了深厚的感情，也团结一致地投入到建设新西藏的美好愿景里。

"西藏虽然发展很快，但仍是全国最为艰苦的省份，没有'自力更生、艰苦创业'的精神是不行的，要继续发扬这个好传统，才能把西藏建设得更好。"老书记勉励我们。

"老西藏"难以割舍的西藏情缘

正说着，阴法唐的爱人李国柱外出归来。一进门，李阿姨就乐呵呵地说："我刚到社区去捐了点钱，你们从西藏来做客，欢迎哟。"我们请李阿姨也说说过去的故事，李阿姨说："还是让老头子说吧，其实，进藏女兵们更不容易，我写了一本书，叫《首批进军西藏的女兵们》，送给你们。"

正如阴法唐所说，他们都有一颗火热的"西藏心"。

1998年阴法唐卸任后，却"卸"不下对西藏人民的那份深情和关注。他在和家人商议后，拿出了祖孙三代捐献的16万元，在他付出青春的西藏日喀则地区江孜县设立了"阴法唐教育基金会"，把发展教育作为自己离任后与西藏难以割断的牵系。

随着年事渐高，家人都劝阴法唐别再回西藏，但是为了"阴

2010年10月，阴法唐向西藏昌都俄洛镇中心小学捐赠图书

法唐教育基金会"的发展，每次说完"最后一次"后，阴法唐还是一趟趟地回到自己前后工作了22年的这片热土，去为

西藏教育的发展奔波,去亲眼看看西藏的变化。2010年,昌都解放60周年大庆时,出席庆典的阴法唐表示,基金会将会获得更大的发展,让更多的西藏师生受益。

而今,"阴法唐教育基金会"已经在西藏捐助了15所中小学校,全部资金被严格地用于奖励优秀教师和学生,资助家庭贫困的学生。

2010年10月,阴法唐与昌都俄洛镇中心小学学生在一起

说起老首长的这份"西藏心",曾经跟随阴法唐一路征战的十八军老战士王贵、张均肃然起敬:"退休后,阴书记一家的生活极为简朴,他把自己本就不多的退休工资全用到了对西藏教育的无限关注上,这份热情和无私的情怀永远值得我们这些老部下学习。"

火热的"西藏心"啊,不管时光怎么流逝、岁月如何变迁,它都永远牵系着阴法唐一家对西藏人民的情。

2015 年 3 月 30 日,阴法唐和夫人李国柱在公园看报

1996 年 12 月,中央民族大学的一位藏族姑娘拿着一张照片找到了李国柱,提起了一位名叫多吉的藏族同胞。

多吉是李国柱 1962 年在亚东县嘎林岗乡蹲点时的房东,这么多年过去了,这个手持照片的女孩是……"李阿姨,我是多吉的女儿尼珍,我来北京上学前,阿爸一定要我找到您。"

李国柱回想起了那个总会在自己加班时给自己留点热乎乎的"突巴"(一种用糌粑面做的糊糊)的多吉,心里充满暖暖的感动。

"我住在多吉家时,尼珍还没有出生,真没想到几十年后他还会让女儿来找我。"

从那以后，李国柱便把尼珍当成自己的孩子，每逢假期，就叫她到家里住，补充一些短缺的学习和生活用品，改善一下伙食。

身在北京的阴法唐不仅关心西藏的大事，更关心西藏的人。2010年5月，当他得知一名来自藏北草原、名叫斯求卓玛的藏族妇女在北京口腔医院做肿瘤切除手术后，便和爱人李国柱一起带上营养品、衣服等去看望卓玛。考虑到卓玛做的是肿瘤切除手术，会在脖子上留下伤疤，李国柱还贴心地送给卓玛一条项链，她说："戴上项链可以遮挡伤疤，以后还是会一样漂亮的。"

民族团结的关键就在于各民族的真情实感，想当年十八军刚进藏时，群众还不了解解放军，加上西藏反动上层的歪曲宣传，甚至发生过抵制解放军的行为。后来，战士们用自己的实际行动让西藏人民了解了解放军、了解了共产党，西藏各族人民发自内心地说："金珠玛米，哑咕嘟！（解放军好）""这些都说明，只要我们以心换心，珍视民族团结，西藏就会有大好局面，这些原则值得今天的人们去借鉴。"老书记说。

本文作者：周明江、张黎黎、阿孜古丽

原载《西藏日报》(2011年4月7日)

"西藏永远在我心中"

——访西藏军区原司令员姜洪泉

1950 年,以一名普通团侦察参谋身份进军西藏,姜洪泉也经历了身背七八十斤的背包、每天四两口粮的行军历程,他挨过饿,翻过雪山,蹚过冰河。

从签订"十七条协议"和平解放西藏、修筑公路站稳脚跟,到平息西藏上层反动集团叛乱、中印边境自卫反击战巩固国防,姜洪泉亲历了和平解放西藏后的每一个重要事件。到 1992 年离开雪域大地时,姜洪泉已经是德高望重的西藏军区司令员。

从一名普通参谋到连长、军区司令员,除了中间外出学习外,姜洪泉足足有 40 年没有离开西藏。

年轻人要树立"长期建藏"的思想

在一个舒爽的清晨,记者采访了这位军功赫赫的老将军。北京朝阳区一个离退休基地里，老将军的居所宽敞明亮，客厅的中央挂着"祥云下的布达拉宫"挂毯，充满着浓浓的西藏风情。

和蔼的笑容中，已是花白头发的姜洪泉一再强调自己只是一名普通的退休老人，没有太多"丰功伟绩"。但是42年的西藏军旅生涯，是姜洪泉一生最光辉灿烂，也是他最难以忘却的记忆，当我们的话题谈及"西藏"二字，勾起了老将军的无尽思绪。

记者周明江向老将军介绍说："这是我们西藏日报社新分来的年轻记者张黎黎、阿孜古丽，她们都是内地重点院校毕业的研究生，像她们这样到西藏工作的高学历人才越来越多了。"

老将军听了十分高兴，连声说："好呀，好呀！"接下来，老将军给我们讲了这样一个生动的故事：刚和平解放时，西藏各县都没有财政，藏北一些县连个会计都找不到，发工资都成了一件很头疼的事。为什么呢？缺人才呀！老将军说他亲眼看到过一些县干部忙活着在地上摆一大堆大石子、小石子，他便好奇地问："这是在干什么？"对方回答："算工资。"

"现在好了，你们这样的人才都自愿到西藏工作，一方面,说明西藏对有志青年发挥才干有吸引力了;另一方面,表明西藏的发展大有希望。"

老将军接着说:"从进军西藏到公路通车,我们部队基本上没有吃过一顿饱饭。一支长期挨饿的部队仍能团结西藏人民,毫不动摇地做好各项建设工作,没有无产阶级革命精神的支撑,怎能做到呢?……在那种艰苦的条件下部队不仅坚持过来了,还坚持到了胜利,靠的是无产阶级革命精神的支撑,靠的是共产党人全心全意为人民服务的信念。

"长期建藏的思想不能丢。我们这一辈人,把西藏当成自己的家,安下心来搞建设,把自己的青春和热情奉献给这片圣洁的土地,有的人甚至用鲜血染红了这份激情,献出了自己宝贵的生命。你们年轻人,有理想,有才干,有抱负,更要有长期建藏的思想,有了这个思想,工作中才会不怕苦、不怕累,才能有大作为,才能在西藏干出一番事业来。

"西藏73个县市区,没几个是我没去过的,藏北、藏南几千公里的边防线也没有几人比我更熟悉,有些地方还去过很多次呢。现在条件好了,你们更要好好深入基层,扎扎实实做事,为西藏的发展稳定多出力。"

老将军仍然关心军队,他话锋一转,笑着说:"我现在还经常从报纸上看到咱们西藏军民关系融洽的报道嘛,这么多年西藏部队和地方共同合力建设西藏的使命没有动摇过，这个传统保持得好啊，也应该继续保持下去！"

在谈到今天如何继续发扬"老西藏精神"时，姜洪泉朗声说道："这就回到了最初的话题，不管在什么情况下，革命精神不能丢。一切为了解放生产力、发展生产力，一切为了人民，这个观点不能变。现在谈'老西藏精神'，就是要把'老西藏精神'体现在落实中央对西藏的各项精神、政策上，在实际工作中攻坚克难，做对西藏群众有益、实惠的事。"

西藏是块大有希望的宝地

作为一名"老西藏"，姜洪泉对现在西藏的每一个变化都格外留意、关注。

我们交谈的气氛越来越热烈，到了后来，反倒成了老将军对我们的"采访"。凡是说到西藏的新鲜事，他都会不停地刨根问底。78岁高龄的姜老右耳借助助听器才能听到声音，当他听到记者介绍西藏矿产发展现状以及为地方经济带来的效益时，姜老不禁挪过身来细细倾听，脸上不时露出赞许的表情："这个发展了不得啊！当年西藏和平解放后，李四光就曾对周恩来总理说过，西藏遍地都是宝呀，他指的就是西藏的矿藏丰富。今天，这些矿藏、藏药等，都在变为西藏人民的财富,太好了!

"西藏遍地都是宝,以前大家认识不够,我在西藏工作时,每次下乡,都看到不少裸露在外的金属矿,觉得是些好东西,但有什么大用途,自己也说不上。我捡了一些放在家里,心里想着这些东西将来会派上大用场的,现在看来,这一天终于变为现实。

"我们这一代人没有太多文化,知识都是在工作过程中学习的,但是系统的知识还是不如现在的人,他们认识事物、了解事物的能力比我们强。这也说明人总是一代更比一代强嘛,我们这些老同志,心里感到特别高兴,我们有责任支持年轻人,让他们大显身手。"

老将军和我们谈青藏铁路,谈拉萨的立交桥,谈正在建设的高速公路,谈西藏有将近60个县明年都将修通柏油路……这些话题让他兴奋不已,他说,他想多回西藏看看,但因心脏方面的问题不能再回高原了。他告诉我们,他的秘书是他的"眼睛"和"耳朵",想西藏时,就让秘书回一趟西藏,替自己去看看西藏的变化,当秘书回来给他介绍完西藏,告诉他"如果您再去拉萨,估计连路都找不到了"时,他总忍不住喜悦,说:"找不到好,找不到好!"

"现在你们在西藏工作是很幸福的哟。"姜老有些感慨。

　　姜洪泉身边的工作人员告诉我们，老将军很随和，但"霸道"起来谁也不让。自从在北京也可以收看西藏电视台以后，每天他都把电视频道调到西藏电视台，把声音开得大大的，听着熟悉的旋律，谁也不准换台。

　　"北京有个西藏老干部协会，我们都通过这个协会与各地的老西藏联系，互相交谈了解西藏的情况，有好的意见和建议就给自治区党委、政府提，同时，希望能把内地更多的资金和项目介绍到西藏。"

　　2011 年是西藏和平解放 60 周年，老将军对我们说："你们代我给西藏人民问个好，我虽然不能回西藏了，不过，西藏永远在我心里，在我的梦里。"

　　　　　　　　　本文作者：周明江、张黎黎、阿孜古丽

　　　　　　　　　原载《西藏日报》(2011 年 4 月 13 日)

十八军修筑川藏公路的传奇

—— 达马拉：萦绕了 60 年的歌声

为避开险峻难行的达马拉山而修建的经过妥坝的平整柏油路(崔士鑫 摄)

　　"达马拉山托起世纪的太阳，澜沧江水唱起友谊的歌。"在《藏东欢迎您》欢快的歌声中，2010 年 9 月底的一天，我们"重走十八军进藏路"采访组离开江达县觉拥村，冒着雨雪,沿 317 国道,朝着歌中唱的达马拉山下的昌都县妥坝乡赶去。

一路上,雨雪霏霏。车窗外,一片模糊,根本分不清哪儿是山,哪儿是河。只有歌声在反复地吟唱,像在叙述一个古老的传说,那么近又那么远。从觉拥到妥坝几十千米的柏油路,因为下雪,我们走了近两个小时。到妥坝乡时,雪依然在下,寒气逼人。推开车门,冷风裹着雨雪直往脖子里钻,让人不禁打了一个寒战。

得知我们的来意,副乡长施展一边把我们让进一间职工住房,一边安排采访事宜。这个年轻精干的陕西小伙子,高高的个头,皮肤黝黑,到妥坝工作已经五年多了。

屋子里生着牛粪炉子,暖融融的,只是烟较大,呛得人睁不开眼。可与外面比起来,却是一热一冷两重天。

喝着热乎乎的酥油茶,不一会儿,浑身就暖和起来。这时,一个年迈的老人推门走进来,他就是晋美巴顿。

晋美巴顿老人今年 75 岁,黑瘦的脸,背微驼,住在附近的格日村。拍拍身上的落雪,喝一口酥油茶,老人就开始和我们聊起来了。"我家以前住在乐瓦村,在达马拉山里,达马拉山很高,以前没有公路,进出都走骡马道,非常危险。"晋美巴顿的讲述是从他所熟悉的达马拉山开始的,在老人一字一句的叙述中，我们逐渐明白，达马拉山不仅是一座神山，更是一座险山。

虽是乐瓦村人心中的神山，但达马拉山以前没有给乐瓦人带来幸福，因为藏军就驻扎在山上。村民们要按照藏军的要求，给他们准备马、牦牛，还要送酥油、糌粑、奶渣等，稍有不从，即遭鞭打。晋美巴顿的父亲，就是因为在支付乌拉差时，不小心拿错了马鞍而遭到藏军一顿毒打，藏军用马鞭抽得他满地打滚，脸上、身上、腿上到处都是血痕，一个月后才能下地走路。

那一声声粗暴的呵斥，那一道道鲜红的血痕，从此深深地印在了晋美巴顿的心里，抹也抹不去。

"我们大家都盼望解放军来，虽然开始有点害怕，但看到解放军赶走了坏事干尽的藏军，还帮助我们修路，大家就不害怕了。"提起解放军，晋美巴顿老人的脸上开始有了笑容，没有了刚才的愤慨和悲伤。

1951 年 5 月，十八军五十三师一五七团等部队开始按照上级的要求，在达马拉山上修筑公路，这条路就是举世闻名的川藏公路的一段。那时没有现代化的施工机械，只能靠手拉肩扛；工具也很简单，只有钎、镐、筐、扁担、钻等。

那一年，晋美巴顿和村民们一起加入了庞大的修路队伍,他挖土、抬石头,什么活儿都干,每天有 1 块银圆的工钱。当时,晋美巴顿一家十几口人,住在牛毛织成的破旧黑帐篷里,填饱肚子都成问题,修路的收入大大改善了他家的生活状况,一家人都在心里高兴:还是解放军好,干活有报酬,不像藏军从来只知道剥削他们。那一年,发生了一件令晋美巴顿永远不会忘记的事:那年冬天在山顶上修路,解放军的一个连队,在爆破土石时,有两个小战士因没掌握好引线点着爆破的时间,返回查看时,炸药爆炸,当场就牺牲了,血肉横飞,惨不忍睹。后来,战友们忍着悲痛,找到那两个小战士的遗体, 安葬在现在的妥坝乡政府背后的一个小山坡上。现在,经历了 60 年风雨的冲刷,那两座坟茔早已变为平地,没有墓,没有碑,只留下荒草枯树和皑皑白雪伴着长眠地下的英灵。说到这里,晋美巴顿老人的眼睛里泪光闪烁,悲伤又一次笼罩着我们,当年修路牺牲的英雄,又岂止那两个无名小战士呢?最让晋美巴顿老人不能忘怀的,还是当年山上的文艺演出, 因为那是他有生以来第一次看到汉族女同志唱歌、跳舞,第一次感受到那种热烈动人的场面,虽然他听不懂汉语,但有翻译的解释,他和村民们一起看得有滋有味。看着老人由阴转晴的笑脸,看着他闪亮的眼神,记者不禁想起五十二师文工队女兵在达马拉山慰问演出的感人故事——1950年冬天过后，五十二师文工队开赴海拔5300多米的达马拉山，为修路的广大指战员进行慰问演出。队员们以雪山当舞台、蓝天做大幕，在达马拉山上一共演出了13场，最长的一场达6个小时，演出了《白毛女》《战斗里成长》等26个剧目，观众达1万多人次。战士们看了演出后激动地说："在这么高的山上，不要说为我们演出，只要听到文工队的锣鼓声，听到她们欢快的歌声，就让我们忘记了疲劳，增添了无穷力量！"那歌声，久久回荡在达马拉山上；那歌声，彻夜温暖着战士们的心窝。

在达马拉山演出的17天里，文工队队员们还到各个连队教唱歌曲，帮助抄写歌词，不少演员还成了战士们的知心战友，当她们离开部队时，战士们都依依不舍地热情欢送。一五七团还给文工队赠送了"部队文艺工作的方向"锦旗，那是战士们对文工队员们的最佳褒奖！"演员们演得太好了，我们许多村民几乎天天都去看。演出后，战士们的劲头更足了，路也修得更快了！"晋美巴顿老人说。其实，老人不知道，那是一种革命乐观主义精神的体现，越是艰苦、困难，越需要精神的鼓舞。其实，老人更不知道，正是有了那种巨大的精神鼓舞，3年后，川藏公路才能通车。达马拉山121公里的盘山公路，一直使用了50多年，50多年里，它一直是四川到昌都的一条主干道，也是村民们进出山的必经之路。然而，随着社会的发展、时代的进步，这条又高又险又难走的路，越来越跟不上发展的需要。"我到妥坝都11年了，刚来时，从这里坐车到昌都，早上9点出发，晚上10点多才到，不仅担惊受怕，还累得人腰酸背疼。"妥坝乡司法助理索朗多吉说。

为了改善交通，在昌都地区的大力争取下，2002年，全长118公里的妥（坝）昌（都）柏油公路开始修建，先期投资3.2亿元，后追加7000万元，共投资近4亿元，2006年竣工并投入使用。现在，柏油路修好了，再也不用翻达马拉山了。达马拉山里的牧民也大部分搬到山下来了，只有乐瓦、夏亚、觉嘎三个村的130户人家还住在山里。

"面对新的机遇，我们大力发扬十八军的顽强奋斗和革命乐观主义精神，克服困难、迎难而上，紧紧依托柏油路，大力发展沿路经济。年底通电后，我们乡的发展就会更快，群众收入增加得也会更快。"施展副乡长说。就拿晋美巴顿家来说，现在，他家依靠虫草和牧业，一年收入2万多元，2006年，家里盖起了新房子，而他家仅是村里的中等户。去年，妥坝乡国民经济总收入4993万元，牧民人均纯收入3752元，其中现金收入2354元。

采访结束了,走出乡政府大院,风停了,雪住了,周围的山头一片银白。太阳出来了,亮闪闪的,一片耀眼的灿烂。告别乡里,告别晋美巴顿老人,我们继续向昌都进发。车上,又响起那首熟悉的《藏东欢迎您》。是的,不仅是藏东,正在开发的妥坝沟也在欢迎您,那里有旖旎的风光,那里有神奇的传说……

本文作者:张晓明、崔士鑫、高启龙、温凯

原载《西藏日报》(2011 年 4 月 14 日)

"老西藏精神"代代相传

——访西藏军区原副政委路晨

　　"特别能吃苦,特别能战斗,特别能忍耐,特别能团结,特别能奉献"的老西藏精神不断被人们重温着。"老西藏精神"永远不会过时,因为它已经成为西藏各族人民一种追求崇高理想和壮美人生的美德,就"老西藏精神"如何发扬光大,记者采访了西藏军区原副政委路晨将军。

"老西藏精神"是一种信仰和英雄主义气概

　　"特别能吃苦,特别能战斗,特别能忍耐,特别能团结,特别能奉献。"这短短的 25 个字,却是我党我军优良传统与几十年西藏革命建设特殊实践相结合的产物,是驻藏部队几代官兵同西藏各族人民一道前仆后继、百折不挠、英勇奋战凝结而成的宝贵精神财富。亲历了世界屋脊从和平解放到改革开放翻天覆地变化的老将军对"老西藏精神"也有

路晨在翻阅《西藏风云录》(蒋翠莲 摄)

着自己独特的见解。

　　"进军西藏的历程那么艰苦,进藏官兵为什么能坚持下来? 我想就因为这是一种信仰,一种情结。"在路晨的脑海里,进军西藏时有三句最有名的口号:"吃大苦,耐大劳,出大力,流大汗""让高山低头,叫河水让路""一不怕苦、二不怕死"。当记者问起口号的来历时,老将军解释说,十八军大部队在修筑穿越横断山脉的川藏公路时, 遇到了难以想象的困难,有因冻、饿、病献出了宝贵生命的年轻同志,有横渡长江上游通天河捐躯的勇士……这些都没有让我们可爱可敬的战士们打退堂鼓。十万筑路大军高喊着"让高山低头,叫河水让路"的口号,高唱着《歌唱二郎山》,开山辟路,遇水架桥,以每一千米路上至少留下一个英魂的巨大牺牲,筑起了内地通往雪域高原的川藏公路。而在昌都战役、平息叛乱以及中印边境自卫反击作战中,几路参战部队面对新的特殊的作战对象和特殊复杂的作战环境,战胜艰难险阻,圆满地完成了党中央和中央军委赋予的战斗任务,大振国威军威。1963 年,中印边境自卫反击战胜利之后,参战部队又多了一个战斗口号——"一不怕苦,二不怕死",并当即受到毛泽东主席的高度赞赏和肯定。"口号里出战斗力",正是因为有了这些好记而又能鼓舞斗志的口号,才支持着战士们自觉自愿地吃苦、忍耐、战斗、团结和奉献。

至今让路晨念念不忘的是带着种子进藏的张福林,这位年轻的战士把生命留在了雀儿山。回忆起张福林牺牲时的情形,路晨仍难以释怀:"中午吃饭休息的时候,他抽空去检查下午将要进行的爆破准备工作,就在这时,一块两个立方米大的石头从松动的岩壁上滚落下来,重重地砸在他的腰部和右腿上。我上去的时候,他的神志还是清醒的。指导员、连长、营里面的干部都上去了。当时他的表现是那样的坚强从容。他把身上所有的钱掏出来,告诉大家,这是他交的最后一次党费。医生要给他打强心针,他拒绝了,说把这个留给其他的同志吧。说完后就昏迷了。我们清理他遗物的时候,清理出来一些蔬菜种子。后来我们才得知,这是他让家人专门从老家寄来的,准备到西藏以后,试着种些菜,改善改善战友们的伙食。那时候还没有提出'老西藏精神'。今天回想起来,张福林的这种精神就是他的理想、他的信仰,就是'老西藏精神'的体现!"

"老西藏精神"是革命的乐观主义精神

"进军西藏,在藏工作那么苦,我们还能坚持下来,为什么?这是因为我们总能在吃苦中找到乐趣,学会了快乐吃苦!"老将军这段话让我有些费解,于是他便给我讲述了有关快乐吃苦的一个故事。

1954年3月,路晨随筑路大军斗志昂扬地进入波密地区迫龙藏布江沿岸修筑公路。这一地区地势复杂,气候多变。尽管条件如此艰苦,筑路部队仍然干得热火朝天。经过两个多月的苦战,波密至迫龙江沿岸的公路已初具雏形。眼看公路通车在即,工地上到处喜气洋洋。

然而,就在这段路即将通车时,迫龙藏布江洪水猛涨,历尽艰辛修筑的公路,一次又一次被无情的山洪和泥石流冲毁,筑路部队的后勤供给也被切断。没几天,主食、副食全部吃光了,筑路大军的生活陷入了困境,士气遭受前所未有的挫折。就在这时,时任五十三师政治部宣传科副科长的路晨却做出了一个出人意料的决定:在工地上举行婚礼。他和当时同在筑路工地担任文化教员的女朋友杨瑞华商量:"瑞华同志,新的筑路大战就要开始了,我们可能面临更大的困难和危险。为了更好地团结战斗在一起,我们结婚吧!"

杨瑞华满面通红地小声问:"在哪里结婚呀?"

路晨说:"就在这里。你看行吗?"

杨瑞华犹豫了片刻,更加羞涩地说:"你说行,就行嘛!"

两人向政治部口头申请结婚。半个小时后,政治部主任答复他们:"批准你们结婚。在这样艰苦的环境里,让大家都沾沾你们的喜气吧!"

消息传开后,战友们都来帮忙筹办喜事。"没有新房,和我同住一个帐篷的同志搬了出去,帐篷成了我们的新房。没有喜床,大家就帮我们做了一张,其实就是几根木桩栽在帐篷里,上面横七竖八地钉了几根木头,铺上一层厚厚的木板。结婚都要喝喜酒,那个时候饭都没得吃,怎么还会有喜酒?我们就请参加婚礼的领导和战友们在帐篷里围成一圈,端着开水碰杯,大吼大叫喝了一肚子水。当然啰,谁都没有醉倒!""路老,你们的婚礼绝对是前无古人,后无来者!"听了路晨在迫龙结婚这个小故事,我不仅感慨道。"是呀,开始我也觉得那个时候结婚会不会不好,结果大家一高兴,也不觉得苦了。没多久我们就征服了迫龙天险。大家打趣说,我们的婚礼起了重要的作用呢!"坐在旁边的杨瑞华回忆起这段往事,也是激动万分。

重返高原,拉萨已经是一座"不夜城"

自 1950 年随十八军进藏到 1990 年离开西藏,整整 40年,路晨把他的青春和热情全部奉献给了西藏。对西藏,路晨有着特殊的感情。2005 年,已经 77 岁高龄的路晨不顾家人的反对,再次来到拉萨。路晨说:"西藏自治区成立 40 周年,我怎么也要回去看看!"谈到拉萨的变化,路晨滔滔不绝:"一个天上,一个地下。现在的拉萨就是一座'不夜城'!"刚到拉萨那天晚上,路晨借口散步,特意在城里逛了两个多小时。看着既陌生又熟悉的城市,他激动得热泪盈眶。

路晨在拉萨待了 12 天,天天都有不同的感受:现代化的机场,绿树成荫的布达拉宫广场,灯火通明的拉萨夜景,即将通车的青藏铁路,大昭寺里精通汉、藏、英三种语言的僧人导游……当记者向路晨介绍起青藏铁路通车后带给西藏的变化时,路晨沉默了良久,一字一句对我们说:"我想我是没有机会再回拉萨了,但是我的心永远和拉萨连在一起!"

　　从第一颗五角星在雪域高原上闪耀开始，每一颗五角星背后都有一段动人心弦的故事，每个故事的内容或许有些不同，每个人的理解也会有差异，但是有一样东西能让所有的星星都闪耀出巨大的光芒——这就是"老西藏精神"。采访结束后，记者感慨万千："老西藏精神"的"老"字是相对的，不仅仅是指初期进藏人员的精神面貌，而是一代又一代在藏工作的干部群众、解放军指战员用无私的奉献精神演绎出来的，是一直以来激励着我们的高原之魂；"老西藏精神"超越了时空，穿越了地界，融入社会主义新西藏建设的滚滚洪流中，犹如一盏指路明灯，深深地印在每一位"老西藏"和"新西藏"的心灵深处，让他们能自觉自愿地在西藏的革命和建设事业中埋头苦干，艰苦奋斗，甘当西藏人民的"牦牛"，鞠躬尽瘁，死而后已。

　　　　　　　　　　　　　　　本文作者：蒋翠莲

　　　　　　　　　原载《西藏日报》(2011 年 4 月 21 日)

李国柱：
"感觉自己还是西藏的一员"

18 岁赶着牦牛进西藏，在那里整整工作23 年，会说一口流利的藏语……作为首批进藏女兵，今年已经83 岁的李国柱深情地说："西藏是我的第二故乡，也是一份始终未了的情缘。"

"我从年轻时候就到了西藏，然后爱上了那里。在那里几十年，现在虽然是回来了，每天想到的、看到的还是西藏的东西。每天看完《新闻联播》后，都会转到西藏台。总而言之，我总不愿离开西藏，总愿意把自己当成西藏的一员。"83 岁的李国柱说起西藏，还是一脸深情的样子。

身着宝蓝色上衣和黑色裙子，眼前的李国柱精神矍铄，只有贴着胶布的手不经意间透露出一点讯息。这位老人前不久刚刚住进医院。听说要聊西藏，她特意跟医院请假赶了过来。

2011 年 7 月 26 日,李国柱在布达拉宫广场

　　1989 年退休后, 李国柱受聘在西藏自治区驻北京办事处经联处暨西藏"一江两河"项目办公室工作。"这不又是关系到西藏吗? 我又干了 5 年。"李国柱说,从 18 岁赶着牦牛进西藏,她在西藏工作了整整 23 年,加上退休后的 5 年,整整 28 年。李国柱除去中间在福建、山东工作 8 年,几乎全部的工作都与西藏有关,就连 1980 年调到中国广播电影电视部以后,又是因为会说一口流利的藏语,被调到中央人民广播电台民族部,做与西藏等相关的少数民族工作。

　　在李国柱心中,西藏是她的第二故乡,也是一份始终未

35

了的情缘。

雪域情深

《带不走的雪域情》是李国柱最近写的关于西藏的文章，发表在 2015 年 6 月 7 日的《西藏日报》上。

"我写了三本书以后，基本不想再写了。但实际上每年至少要发表三四篇文章，都是关于西藏的。"李国柱说，现在写东西都是有选择的，被什么事情触动了就写。

退休后，在"一江两河"项目办公室工作了 5 年，李国柱想把更多时间留给自己写东西。写什么呢？她和几个当年一起进藏的女同志商量，能不能把进军西藏时女兵的事写一写。"写了 5 年，就在这个房子里。我是主持人之一。"这本书就是《首批进军西藏的女兵们》，曾获得过西藏自治区精神文明奖五个一工程奖。

编完此书后，李国柱心里有点疑惑：我从来不会写书，这样就算书吗？那我就写写吧。就这样，有了第一本书《西藏江孜 1904 年抗英斗争的历史记忆》。"江孜地委政策研究室调查了很多材料，我想办法把这些材料从日喀则档案馆借来。藏文是我和几个同志翻译的，很多都是我亲自调查的，当时还有政策研究室的几个同志。"2004 年，此书出版,正赶上西藏抗英 100 周年。李国柱还受邀参加了纪念活动。

"回来后不久,我一想还应该把我 1950 年进藏期间跟西藏有关的事情,给它梳梳辫子,写一写。最后又写了两本,一本是《一个女兵的西藏人生》,另一本就是《我的西藏未了情》。加在一起一共写了三本。"李国柱回忆说。

李国柱说自己文化水平不高,也不像作家那样会润色,"笔墨粗浅,文章表述的却都是真实的经历和真实的感悟,以及对西藏深深的眷恋之情"。

这些书出版后得到很多读者的喜爱。书中内容多次被各种书籍、刊物引用转载。2014 年,西藏江孜抗英斗争 110 周年,《北京日报》专门刊登了两大版,主要参考了李国柱的《西藏江孜 1904 年抗英斗争的历史记忆》这本书。"有好多读者看到后反映,怎么英帝国主义还侵略过西藏?我们从来没有听说过。"

"他们刊登,也不嫌我写得不好,让读者看了还能增加知识。"对此,李国柱感到很高兴。她说,让更多的人了解那段历史,才能对西藏了解得更清楚。

亲如一家

最让李国柱怀念的还是那里的人。"我对西藏很有感情,对我接触过的人都很有感情。"这其中,有不少是藏族同胞,有上层贵族,也有普通群众。她印象最深的是曾经的三个"房东"。

"我们进军的时候碰到的藏族同事很少,走的基本都是荒地,碰不见什么人,而且我们是集体行动,开着队伍集体走,也不能住民房。他们的房子也很小,住不进去,我们也不可能住。后来我们驻军的时候才接触群众。"

2000年10月,李国柱和昌都房东甲容

驻军时,李国柱遇到了她的第一个房东。一位藏族姑娘,当时只有十几岁。"当时我们不会说藏话,怎么办呢?我下了班有空,就去房东屋里坐坐,一句一句地学藏语。'鼻子''眼睛''耳朵'怎么说,'吃饭'怎么说,'睡觉'怎么说,慢慢学会了一些藏语。"因为跟房东关系搞得比较好,每次科里借东西都是说:"叫李国柱跟他们借。"

有这样一件小事。那时,李国柱奉命上山修川藏公路,要去两三个月。头一天,她跟房东说,要出发去修路了,两三个月才能回来。因为当时不太会说藏语,就用手比画。比画完后,房东没有听清楚,以为她要出发不回来了,心里非常难受。"最后,她(房东)就做了几个饼子,昌都叫锅盔。"李国柱比画着说,"这么小的饼子,粮食做的。当时粮食少,经常饿肚子。几个饼子就是不得了的礼物了。"房东心疼她,怕她饿着了,一定要将饼子放到她的饭包里,让她饿了偷偷吃一点。李国柱说,我们有"三大纪律八项注意",不拿群众一针一线,这样的礼物怎么能收呢?"第二天,我走的时候,我们科里的同志们都来送我。扛着背包,拿着饭包,房东把饼子放到我的饭包里面。我说,这不行啊,我要检讨啊。她一定要给,我推着不敢收。最后我们的科长点了点头,准许我收下这几个饼子。送别的时候,她还一路哭着。别的同志跟她解释,不是去了就不回来,两三个月修了路就回来。"

1990 年，李国柱随丈夫阴法唐一起参加昌都解放 40 周年纪念活动。"我去找我的好朋友，因昌都建设很快，找旧房子不容易，我找了好半天，才找到她家。两个人见面后高兴得抱头痛哭。他们家里人也感觉亲人回来了一样。我也感觉像见了亲人一样。"李国柱将随身带的毛衣送给了好朋友，还和她以及她的家人合影留念。

李国柱说，每到一处，借住在群众的房子里，她跟房东都处得特别好。

1961 年至 1962 年，李国柱在亚东蹲点宣传"边境十条"，一共住过两家，有两个房东。其中一家房东叫多吉，妻子叫次仁卓玛。那时候，李国柱每天开会回来很晚，多吉都给她留一点"突巴"，让她吃了暖暖身子好睡觉。有时候太晚了，多吉就出去找她，怕她遇到坏人，出什么事。

1985 年，李国柱返回西藏。多吉夫妇听广播得知李国柱来西藏后，准备买票去拉萨看她。结果没想到，李国柱参加完活动后，搭了一辆便车专门去亚东看望他们和乡里干部群众。当年蹲点的村已经变了模样，家家户户盖了新房子，门前种了苹果树，生产生活有很大改善，群众述说当年工作组领导群众搞生产的故事。临走时，村里的群众一定要让李国柱带青稞酒和苹果回拉萨。

　　1996年的一天,李国柱北京的家中突然来了一位藏族姑娘,说要找她。原来是房东多吉的女儿尼珍,她考上了中央民族大学,父亲让她拿着照片来北京找李国柱。"以后每个星期我都让她到家里来,改善改善生活,再看看她学习的情况怎么样。"尼珍毕业论文写的是《论藏传佛教》,李国柱看了后,就从家中找了一本书,让她拿去看。后来,尼珍回到西藏达孜县乡镇工作,一直和李国柱保持着联系。亚东发生地震时,李国柱向灾区捐了款,并且询问尼珍家里的情况。"非典"时,尼珍急得不得了,从西藏寄来药品,藏医说这个药可以抗"非典"。"寄了这么一大盒。"李国柱比画了一下,尼珍说,阿姨你一定要活着,要吃这个药,还可以用药熏家里避免"非典"传染。"到现在,我们还经常联系。上次,孩子去(西藏)的时候还带了一些东西送给她和家里人。"

　　李国柱说,离开西藏后,他们回去十几次,每次都去看看以前的房东和朋友,"就像走亲戚一样"。他们的子女也继承了这些好传统,和藏族同胞亲如一家。"寄个东西,嘘寒

1952年夏,李国柱在江孜穿军装留影

问暖啊,这方面工作做得比我还要多。"李国柱欣慰地说。

未了情缘

前不久,李国柱住院的时候,也没有闲下来,还在审阅西藏自治区妇女联合会的献礼书《妇女志》,共120万字,书写了审阅意见。

2015年是西藏自治区成立50周年,作为进军西藏、解放西藏、建设西藏的历史见证者,李国柱感觉自己有必要为之做一点工作。

西藏日喀则地区江孜革命史编写组曾经出过一本《西藏江孜革命回忆录(1951—1964)》。"这个回忆录,当时由于各种原因,很多人没找到;没有包括进去。虽然江孜分工委都撤销了,但是那一千多人的功绩也应该载入史册。"于是,李国柱向西藏党史办提了一个建议,是不是可以把这本书充实一下再版。党史办接受建议、立项,并将此书作为向西藏自治区成立50周年的献礼书籍之一。

这项工作的前期工作,都是李国柱在做,从2014年下半年开始,做了大半年。她多方联系,找到了二百多人,整理他们的姓名、地址等一些基本情况,并动员他们写在江孜工作时候的情况。

　　"2015 年 5 月, 西藏党史办的人来, 把我找的东西, 收拾了一大提包, 连名单加材料全拿去了。他们是向 50 周年大庆献礼, 我也算做了这么一件向大庆献礼的工作吧。"李国柱说。

本文作者：翟新颖

原载于中国西藏网(2015 年 8 月 5 日)

普朗书记"绰号"多

在尼玛县文部乡南居委会，只要提起普朗书记，村民都会竖起大拇指。

"爱心大使"

普朗，现任尼玛县文部乡南居委会党支部书记、居委会副主任。

"作为一名基层党员干部，群众相信我，我就要对得起群众的信任。"这是普朗时常自勉的话。

说得好！做得比说得更好！

1998年，村民央加因残疾丧失劳动能力，没有经济来源，家里已经揭不开锅了。望着空空的屋子，央加欲哭无泪。

当时普朗担任文部2村的村主任，了解到这一情况，他二话不说，从自己家的积蓄里拿出1万元，连夜送到央加家里,说:"这就算是我送给你、帮助你的,你的困难就是我的困难,你有困难我不会袖手旁观的。"

接过还热乎乎的钱,央加感动得热泪盈眶。从那以后,帮扶央加就成了普朗工作的一部分。

像这种帮扶村民的事太多了,他也记不清帮了多少人、帮了多少次,他是大家公认的"爱心大使"。

2002 年,普朗加入中国共产党,被选举为村支部书记,并连续当选为村委会主任。村里党员支持他,村民拥护他。2008 年,文部乡 1 村、2 村合并为南居委会,他又被选举为居委会副主任。2011 年,南居委会"两委"班子换届,普朗被全体党员推选为支部书记。

职务变了,但是他为群众服务的心没有变。

多年来,普朗一如既往地履行着一名基层党员干部的职责,为困难群众排忧解难,为地方发展奉献他的所有。

从 2011 年起,他每年都会拿出 1500 元帮扶村里的困难群众古达,为他解决具体困难。

"孝子书记"

2014 年 3 月,居委会的一位老人去世,由于其家里缺少劳动力,没有人帮忙,他连续两天为老人料理后事。在凌晨驾车回家的路上又碰见一位老人行走困难，他主动把老人安全送回家，结果自己在回家的路上因过度疲劳，遭遇翻车，造成膝盖处骨折。

得知这一消息，当地的群众都去看望他。看到"孝子书记"伤得不轻，有的人当场就哭起来。

村民旺姆说："共产党的好干部，老百姓的'好孝子'。他为我们做了这么多事情，他受伤也是为了帮助我们，我们实在不忍心看到他受伤的样子。"

普朗却说："老百姓家里有困难，我怎么能不去帮忙？"

普朗组织党员捐款、捐物，开展帮扶济困活动。居委会党员集资修建路桥4座，方便了村民出行；修建房屋2间，为无人赡养老人提供了住所，并派专人照顾他们的生活，使他们能够老有所养。

"致富引路人"

一个人富不叫富，周围群众都富了那才叫真正的富了。普朗说："我的梦想就是要带领大家都富起来。"村民们都亲切地叫他"致富引路人"。

原本普朗经营着一家家庭旅馆，还开着饭馆，收入一直很可观。他本可以把自己的日子过得红红火火、舒舒服服。

但他没有只顾着自己挣钱，而是带着当地的群众一起共谋致富路。

在他的努力争取下，上级为居委会投资新建了居委会茶园，配备了太阳能路灯……这些年居委会发生的变化都离不开他的辛勤努力。在他的带动下，居委会大力发展旅游服务业，开办了家庭旅馆、餐（茶）馆、商店等。到目前，南居委会已经有商店 13 家、摩托车维修店 1 家、朗玛厅 3 家、茶（餐）馆 6 家、家庭旅馆 15 家，从业人员达 201 人。

他还组织劳务输出，增加当地农牧民的现金收入，南居委会先后成立了 2 个合作社、3 个经济合作组织，2013 年组织劳务输出 220 人（次），实现劳务总收入 187 万元。在他的影响下，居委会出现一批致富能手、富裕户。2013 年，居委会人均收入已达 4786.83 元。

如今，南居委会水电都通了，整个村庄面目一新，经济蓬勃发展。

"说教员"

"都是一个村子的人，大家要相互礼让。争斗有什么好处？只能是两败俱伤。"这是普朗的口头禅。

在南居委会，谁家要是发生争吵、邻里之间要是有什么矛盾冲突，现场总是少不了居委会党支部书记普朗的身影。

2014年6月，居委会两户群众因为摩托车剐坏房墙而闹得不可开交，旁人怎么劝都不管用。双方找到了普朗。正在家里忙活的普朗放下手头工作，来到现场实地了解情况。

问清事情原委后，他说："你们不用争吵了，邻里之间本来就应该和谐相处，你们到我家里拿些水泥把损坏的墙修好，你们两家还是像以前一样和睦就行了。"

普朗是村里的"说教员"。他对农牧民说："党和政府为我们修建了这么多公共设施，改善了我们的生活，我们要感谢上级组织的关心，爱护好这些公共设施。"

村民石曲桑珠已经成家。他还记得，自己以前不务正业，正是普朗的教育帮助才使他过上了今天的好日子。现在，只要提起普朗书记，他都会竖起大拇指。

"爱心大使""致富引路人""说教员""孝子书记"，普朗书记的"绰号"如此多，这一个个"绰号"表达了村民对他的拥护和爱戴。

本文作者：刘文军

原载《西藏日报》(2014年8月11日)

强巴赤列：
将藏医引入现代医学的领路人

在医疗手段已经高度现代化的今天，藏医药学依然有着令人难以抗拒的魅力。强巴赤列——这位藏医药学研究大师，在双目失明的古稀之年，将平生所学引入了现代医学的领域，使无数人重逢康复的光明。

西藏的阳光灿烂如金，让看上去充满蹉跎感的老房子都显现出了明朗的高原情调。岁月在每块石头上堆积，用另一种脚本演绎着世事变迁。距离拉萨大昭寺只有几百米距离的这座石头房子已经有近一百年的历史，这里就是藏医药学大师强巴赤列先生近几年的家。

强巴赤列——著名的藏医及天文历算专家

强巴赤列 13 岁开始学习藏医药知识和天文历算，经过近 70 年的潜心钻研，逐步成为一代学识渊博、医术精湛的大藏医。2008 年夏季，80 岁高龄的强巴赤列先生身体越发不好了，大病初愈和多年失明的老人只是热情地向我们打了招呼，并没有很多话语，有幸的是我们找到了 3 年前采访他的画面，当时 77 岁高龄的老人虽然已经双目失明，但是每天慕名来找他看病的患者仍络绎不绝。

强巴赤列从医生涯中诊治的病人不计其数，其中有不少疑难杂症在他手中药到病除。西藏昌都市曾经有位脑震荡患者 5 年来经常头疼甚至晕倒，此前他到过不少地方求医问药，但都没有效果。在朋友的指点下，他找到了强巴赤列。"我们有好的治疗脑震荡的药，矿物药。天然矿物药对治疗脑神经特有效，效果好。"强巴赤列说。

现在，强巴赤列先生偶尔还能为患者继续诊疗，因为那是他的家族传统，是几代藏医的虔诚医德和经验的积累。

强巴赤列的祖父多吉坚参是一位传奇式的藏医星算权威，他是举世闻名的藏医星算专家钦绕诺布大师的老师，曾亲自传给钦绕诺布一个治疗伤寒的秘方。在他去世多年后的 1945 年，拉萨流行瘟疫，钦绕诺布大师曾用这个秘方救活了不少病人。强巴赤列的父亲贡觉维色也是一位会采药制药和诊病的著名民间医师。1924 年拉萨流行天花病，他自费从印度引进牛痘疫苗到农村去给群众接种，挽救了不少孩童的生命。出生于藏历土蛇年,也就是 1929 年的强巴赤列现在还能默诵几十万字的医学经典。老人曾经笑谈,这多半是因为幼儿时吃了父亲配制的藏药 "西绕洛培丸"和"央金丸"(智慧药)。

藏医药魅力不减

形成于世界屋脊青藏高原的藏医藏药具有 2000 年的悠久历史,是中国传统医学宝库的重要组成部分。青藏高原之上有世界著名的巨大山脉,源远流长的大江大河,众多的湖泊和大面积的冰川,自然条件复杂,气候特殊,形成了青藏高原特有的生态环境, 也孕育了青藏高原特有的植物种群, 这些种群主要分布在海拔 3800 至 5800 米高度的高寒草甸、高山流石滩等植被类型中, 常见形态特征是植株矮小、莲座状或匍匐状,并且常有厚厚的毛、绒毛或蜡质。在生理特征方面,由于高原酷寒和缺氧,因此西藏植物的细胞中含有较高比例的果胶、糖类、半纤维素,细胞内的原生质具备耐冷冻的特征。相应的,生物活性成分含量高成为藏药在临床上显著的重要指标。据文字记载,藏药大约有 2600 种。

1300 多年前,藏医理论鼻祖宇妥宁玛·云丹贡布创办了第一所学位制藏医学院, 在总结藏族本土医疗经验的同时,广泛吸收和借鉴了当时汉族医学和南亚医学发展成果,编著了较为完整的藏医藏药理论巨著《四部医典》。《四部医典》分为《总则本》《论述本》《秘诀本》和《后续本》,共156章。

"藏医学的其中一个来源,就是藏民族在西藏高原长期与疾病做斗争的经验总结,在这个基础上,藏医祖先们吸收邻近国家和地区的一些医学经验,比如说到内地吸收中医部分,又到邻近国家吸收一些经验,最后就形成了藏医学的经典著作——《四部医典》。"西藏自治区藏医院院长占堆说。

尽管现代医学已经进入以信息工程、基因工程和生物工程为代表的发展阶段,但是具有两千多年悠久历史的藏医药依然魅力不减,受到越来越多人士的青睐。国际藏医药学术会议提供的信息表明,近二十年来,中国已逐步建立起了适应现代社会需要的藏医医疗、教学、科研和藏药生产体系,世界上也有二十多个国家设立了藏医学研究机构。

求学之路

强巴赤列幼年进入哲蚌寺成为一名小僧人,13岁那年因一个偶然的原因,小强巴拜当时最著名的藏医钦绕诺布为师,开始学习藏医。钦绕诺布曾担任过十三世达赖喇嘛的首席保健医生。强巴赤列说,小时候母亲原本想要送他到布达拉宫的僧官学校学习,以后能当官,但是有个尼姑说他当官的话生命不长,必须要学藏医。

门孜康,藏语的意思就是藏医天文历算学院,是强巴赤列的老师钦绕诺布在 1916 年时修建的。13 岁的强巴离开哲蚌寺之后就来到了这里,一边修行,一边学习。藏医学是藏族在独特的地理、气候条件下与疾病进行斗争的过程中逐渐发展起来的,是世界四大传统医学之一,在治疗关节炎、胃病、中风、偏瘫和心血管疾病等方面,藏医形成了自己独特的医疗方法。藏医经典中最集大成的著作就是《四部医典》,这也是强巴赤列研习医术所要学习的主要内容。小强巴生性聪明,《四部医典》中的 20 多万字内容,他只花了 3 年时间就烂熟于心,深得老师的喜爱。记者问强巴赤列先生,3 年时间就在这里不断地背这些医书不觉得枯燥吗?强巴赤列先生说,因为这里学习风气很好,大家都辛辛苦苦地学习,背这些医书。他在上学的时候就知道医生就是要解除病人的痛苦。为了这个目标,他刻苦钻研藏医学。

在跟随老师学医的几年时间里,强巴赤列一直非常刻苦,每天早起打坐、念经、钻研藏医学。但就在 19 岁那年,强巴赤列却突然由一位僧人还俗成了一个普通人,而还俗差一点就终止了他苦修6年的学业。当被问到还俗的原因时，强巴赤列先生说："是因为看到漂亮的姑娘，自己控制不住，为了她悄悄地离开家、离开学校、离开寺庙，就这么跑了。没有想过自己的前途，为了追求爱情，不怕下地狱。"

具有执着追求的强巴赤列用炙热的诚信赢得了自己所追逐的幸福，不久在得到家人和老师的原谅后，强巴赤列重新获得了学习的机会。于是，他更加刻苦地钻研藏医学。如今大昭寺旁西藏自治区藏医院的后院就是强巴赤列的居所，同时也成了他的办公室兼诊所。80岁的藏医药大师、天文历算学家强巴赤列回到了60多年前他学习的地方。

"院长（强巴赤列）原来在这里读书的时候，是正规的9年制度，学习天文历算3年，藏医6年。当时的院长钦绕诺布说：'他是我的徒弟里面最有出息的人。'"藏医药文献研究所副所长次旦久美说。

在求学的年代，强巴赤列除了到恩师跟前聆听学习之外，还总是有机会由恩师带领着到贫民和乞丐聚居的帐篷区去免费行医。恩师教导强巴赤列说，病人是医生的儿女，有钱给治，没钱也要治，当官的给治，乞丐也要治。

成立藏医研究院,编写教材

强巴赤列执着地引进西医,使藏医在诊断和治疗方面有了创新和飞跃。现在西藏自治区藏医院已经发展成为日门诊量几千人的藏西医结合的现代化医院。与此同时,为推动藏药的科学研究,强巴赤列还专门成立了藏医研究院,在他的带领下,研究院取得了一系列科研成果,其中包括治疗乙肝、萎缩性胃炎、高原反应等症状的一系列特效藏药。现在,强巴赤列虽年老体衰不能像过去一样亲自为学生讲课,但是让藏医的精髓传承下去一直以来仍然是他的迫切愿望。

西藏自治区藏医院院长占堆说:"强巴赤列院长到了门孜康以后,因为他精通汉语,我们学汉语基本都是他教的。从那时开始,我们一点一滴地学习汉语,除此之外,就是藏医学本身的基本理论。尤其是进入 80 年代以后,我担任了藏医院的副院长, 在这段时间直接在强巴赤列院长的领导之下,从事管理和医疗工作。在我的印象当中,对藏医医德、医风这一方面的课程听得非常多。因为民族医院的管理,面临的问题是既要保持传统的这一部分,又要吸收现代医疗管理的这一部分。在这一方面他给我指导得太多太多。"

1974 年，酝酿多年的拉萨市藏医学校招生开课，强巴赤列为学生们编写了藏医药的基本知识教材。

"当时强巴院长在我们学校教研组编写我们的教材。教材里面分了基础理论、外科、内科、妇科、儿科等科目，分得很细。他用通俗的语言来教学，所以我们四年学得比较愉快，容易理解。"西藏自治区藏药厂书记洛桑多吉说。

"当时没有好的条件，灯光比较弱，看字如蝌蚪般的经书，从那开始他的眼睛就出了毛病。人家叫他住院治疗，去内地治疗，但是因为工作特别忙，建住院部，还要建藏医学院，他没去，最后到 1996 年的时候双眼全部失明了。"藏医药文献研究所副所长次旦久美说。

编写《四部医典系列挂图详解》

藏医最重要的典籍当推《四部医典》，但关于这部书的作者历来就有争议，国内外不少学者认为《四部医典》是从印度传入我国西藏的。1984 年，强巴赤列在编写《中国医学百科全书——藏医分卷》时，为澄清这一问题，翻阅大量的资料，终于找到了两处可靠的根据，说明这部书是 8 世纪时的藏医巨擘老宇妥·云丹贡布所著，从而解决了这一历史悬案。

藏医理论认为，人体内存在着隆、赤巴、培根三大因素，饮食精微、肉、血、脂肪、骨、骨髓、精七种物质基础，大便、小便、汗液三种排泄物，三大因素支配七种物质基础和三种排泄物的运行变化。以此理论成书的《四部医典》全书共分四个部分，内容从基础理论到各科临床实践，包括人体解剖、胚胎发育、病因病理、治疗原则、临床各科、方剂药物、诊断与治疗器械等，内容极为丰富，后经历代藏族医师的修订、增补，特别是 11 世纪经过宇妥的第十四世后代新宇妥·云丹贡布的全面修订，成为现今流行的版本。

公元 1703 年，《四部医典》的 80 幅彩色挂图绘制完成，其中的文字比较深奥，藏文水平一般的人很难看懂，因此，用现代文对其进行解释和补充就具有重要意义。强巴赤列在对《四部医典》的格律文、注释本、蓝琉璃等 80 幅挂图长期深入研究的基础上，参考许多著名藏医药经典书籍，决心编写《四部医典系列挂图详解》。

"这期间，我们翻阅了很多医学资料，得到文化厅、藏医院，还有政府部门很大的支持。一幅唐卡写完了以后向他汇报一下，他听了以后，里面有不对的地方，要补充的地方，他来补充并最后确定下来。这样持续了 5 年，全部编写完成了。"藏医药文献研究所副所长次旦久美说。

失明后的强巴赤列在助手的帮助下，为 5000 多幅图片一一做了注解，共计 25 万字，终于相继推出了《四部医典》藏文本、汉文本和英语翻译本，此书不仅对从事藏医临床、藏药生产、藏医药研究和藏医药教学的工作者是极为珍贵的必备文献，而且还具有很高的收藏价值。

坚持出诊

"后来在他身体状况欠佳的情况下，工作人员请他不要再出诊了，待在家里好好休息。他就说，我又不是猪，如果是猪的话就喂猪，因为我是人，而且我是个医生，不看病是不行的，所以他还是坚持要出诊。"西藏自治区藏医院院长占堆回忆。

"医德方面是他经常强调的，比如说对我们最基本的做药的人，这个药首先是自己吃的，自己一生中总会得病，得病的时候，你对药有多大的要求，别人同样也是这样。"西藏自治区藏药厂书记洛桑多吉说。

"可不行，因为我是国家级专家，国家级专家没有退休。病人满足了，有效果了，药开得好了，我就高兴了。"当被问及为什么还不退休的时候,强巴赤列先生这样回答。

强巴赤列先生通过几十年的刻苦钻研,成为成绩卓著的西藏科技工作者、享誉海内外的藏医专家。他充分发挥藏医的特长,将解众生的疾病之痛作为其一生的追求,为广泛普及藏医、藏医与中西医的结合,继承古老的藏医文化并将其发扬光大,做出了巨大的贡献。

本文作者:李旭丽

原载中国西藏网(2010 年 8 月 4 日)

雷菊芳:千年藏药的现代传承者

作为西藏奇正藏药的创始人，雷菊芳从事藏医药产业20年，带领奇正藏医药人走上现代科技创新之路，帮传承上千年的藏医药走出青藏高原，从小众走向大众。

雷菊芳，已成为行业内的领军人物。她认为，西藏藏医药具有独特的民族文化内涵和民族文化传统，在疾病防治中具有的差异化特色使其成为藏区最具发展基础和后发优势的产业。"非常感谢中央和自治区政府高度重视民族医药的发展，使藏医药成为国内外独树一帜的奇葩，为国内外医疗行业所高度重视。藏医医疗体系和独特的作用，在民族医药中具有非常重要的地位。"

科技与创新,是藏药产业发展壮大的助推器

"从事藏医药产业20年，奇正藏医药人深深感受到，有

西藏奇正藏药股份有限公司创始人、董事长雷菊芳在考察了解藏药材资源状况

上千年文化传承积淀的藏医药只有走上现代科技创新之路，才能加快发展的步伐，才能与现代主流市场不断变化的消费需求相契合，从而走出青藏高原，从小众走向大众，使广大的人民群众受益。"雷菊芳说。

传统的藏药丸子存在丸重差异、水分含量超标、细菌含量超标、崩解度差的四大顽症。"这么好的民间药用资源，却因制作方式落后而被西藏以外的消费者拒绝实在可惜。"雷菊芳认为让公众接受藏药最好的方法就是产业化和创新。

几年来，依托藏药固体制剂和外用制剂两个国家地方联合工程实验室，奇正藏药与国内外一流的学术研究机构及科研院所保持长期合作，充分发挥平台的公益性和开放性特点，汇聚各方优势资源和专业人才，以产业需求为导向，不断将企业创新推向社会化创新的新起点。

作为国家火炬计划重点高新技术企业、国家认定的企业技术中心、首批国家创新型企业、西藏自治区藏药工程技术中心，奇正藏药在剂型、研发、技术、质量标准、工艺等方面持续追求创新，解决了藏药产业中的共性瓶颈问题，依托低温湍流粉碎技术、过热蒸汽瞬时灭菌技术、自动制核技术、自动制贴技术、薄膜包衣技术、热压涂布技术等创新技术推动产业可持续发展。

雷菊芳说，在创立初期，奇正藏药以文化营销的方式，打开了藏药进入广阔市场的大门。近年随着医药市场环境的变化和消费者的不断成熟，奇正藏药也在现代化、专业化的藏药营销模式上进行着持续的探索创新，不断提高"学术推广模式"专业化水平，加强上市后药物的再评价工作。目前，公司上市后发表相关研究文献近500篇，在藏药和传统外用止痛药领域处于绝对领先地位。

在雷菊芳看来，民族药作为一种有特色和差异化的医疗资源，如果一直处于无人"赏识"的状态，2000多年的文化积淀就会从传承走向风化："藏药想要进入市场，就需要得到消费者的认可，奇正消痛贴充当了这样一个市场开拓者的角色。奇正藏药20年的发展经验表明，通过现代医学验证，对藏药进行药理药效及循证医学验证，以明确临床定位，建立评价标准和方法，指导临床用药，让传统藏药在现代市场环境下得到认可，是民族医药实现现代化、国际化的必由之路。"

保护性开发，是藏药产业可持续发展的根基

千年藏药泽被四方，厚重的藏医药文化为西藏造就了一批藏药企业，从手工作坊发展到流水线生产，藏药产业得到前所未有的发展。但产业的扩张及药材的过度开发，也会迫使资源"亮红灯"。如何以可持续发展观念来对待藏药的有序开发与保护，成为摆在藏药企业面前的一道现实课题。

奇正藏药从1996年便开始了对藏药材保护性开发的探索，目前公司在藏药材保护、藏药材种植及藏药材野生抚育三个层面进行研究，有各类研究基地10万余亩，研究、保护及繁育基地种养的藏药材共计31种。

在雷菊芳眼里，藏药材资源的保护性开发仅靠少数企

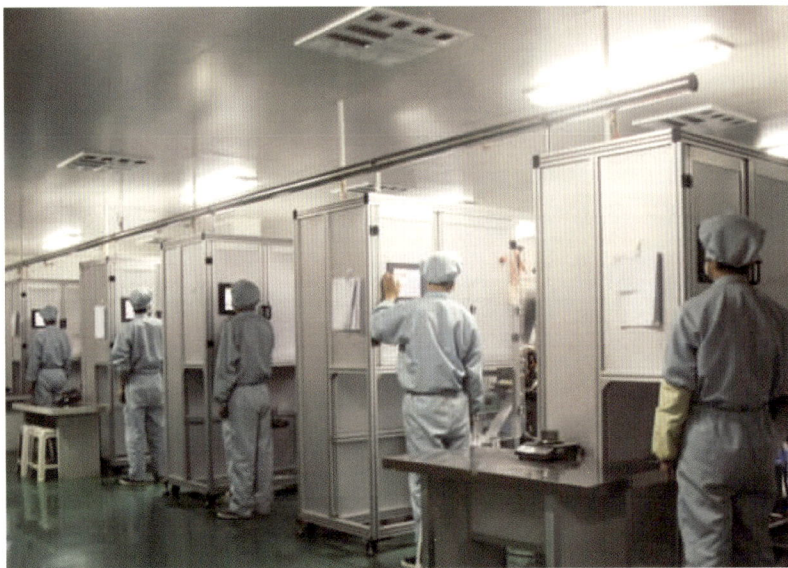

奇正藏药公司现代化的生产车间

业的力量是不够的："我在尼泊尔看到一份联合国环境署和其他一些国际环境组织为尼泊尔药用和芳香植物做的报告，这份报告认可原住居民利用当地生态资源谋求生存和发展的权益。这种对药用及芳香植物的可持续利用方式值得我们借鉴，应该用绿色贸易的方式来推动藏药的可持续发展。要让先人创造的这个医学体系能够绵延，一定要考虑藏药材的可持续利用。"

文化传承，是藏药产业的源头血脉战略

藏医药具有悠久的历史，完备的藏医药理论、临床疗效

和安全性确切的经典验方,独特的炮制工艺,独有纯净高活性的高原药材资源, 使藏医药成为祖国医学宝库中弥足珍贵的资源。

奇正藏药将藏药传承视为传统科学的一部分。雷菊芳认为传承是一种使命、责任和承诺,她明确提出文化价值参与分配的理念,将传承、扶持藏医药文化发展作为一项长期战略,纳入公司发展规划中。20年来,奇正藏药支持出版藏医藏药学术专著,整理传播藏医药学术精华;兴办传统藏医学校,支持藏医药智慧和经验的传授与保存;在国家药典没有要求的情况下, 在严格遵循药品生产质量管理规范(GMP)规范生产的同时,坚持采用传统炮制工艺技术,复制和传承藏药的精华内涵。

2004 年, 奇正藏药在历史上宇妥·云丹贡布传授讲学的南伊沟再续传统藏医教育前缘, 创办了贡布曼隆宇妥藏医学校,按照传统的方式进行藏医人才培养,已毕业学生的医术及医德得到藏族百姓的高度认可。雷菊芳相信:"通过藏医学校源源不断地培养和输送热爱藏医药文化的学生们,博大精深的藏医药便一定能够传承下去,让藏医药的源头根脉萌生活力。"

2007 年, 奇正藏药在中国光彩事业基金会下设立了

"西藏文化传承与保护"专项基金,致力于成为传承与保护西藏文化、推广藏区教育和牧区低成本藏医医疗等社会公益事业的典范企业。截至目前,公司各项文化保护及公益捐助投入近9000万元。

人才培养,是藏药产业发展的关键

随着经济不断发展,西藏各企业的产业竞争,说到底还是人才的竞争。自治区政府"十二五"规划纲要中提出,深入实施科教兴藏战略和人才强区战略目标任务,加大急需紧缺人才引进力度,优化人才结构和布局,统筹推进各级各类人才队伍建设。

雷菊芳说:"西藏藏药是随着西藏50年的发展而蓬勃发展起来的,特别是在西藏整体经济发展中我们深刻体会到,民族地区产业基础薄弱,远离主流消费市场,而藏医药产业面临的市场竞争却同样是全国性甚至全球化的。民族地区人力资源相对匮乏,人才水平相对落后,且存在文化、语言等诸多差异,如何实现人才培养,企业也面临着更为艰巨的挑战。"

20年来,在创办企业的过程中,奇正藏药注重对西藏本土人才的培养,把当地人才的培养和挖掘放在与人才引

雷菊芳与奇正小学的孩子们在一起

进同等重要的位置，积极吸纳国内知名学府的藏族大学生就业，加大培养藏、汉、回、门巴族等多民族复合型人才，逐渐培养了一批本土骨干员工。

雷菊芳说："企业的第一挑战是人才。我希望奇正藏药不仅仅是一个企业，更是一所培养人才的学校。员工是我们的未来，这不是一个空洞的口号，再过四五年，如果在西藏的各岗位上都是自己培养出来的藏族年轻人，这将是非常令人高兴的事。"

古老的藏医药，是藏族人民勤劳智慧的结晶，是祖国传统医药的瑰宝。50年来，在党和国家及自治区政府的惠民政策的大力扶持下,西藏藏医药已取得了长足的发展。现在正是西藏藏医药历史发展的最好时期,它将成为西藏经济发展的主力军,是"十二五"规划时期创建造血机制实现经济转型的最主要产业之一。

作为现代藏药的代表企业,西藏奇正藏药,经过20多年的发展,已拥有74个批准文号,涉及骨科、神经科、妇科、消化科等多个藏医特色治疗领域,其中以奇正消痛贴膏为代表的外用止痛药物系列临床药,有着较高的治愈力,在区内外的使用人次达4亿。2014年,公司实现营业收入9.50亿元,净利润2.38亿元,在西藏地区累计纳税10.82亿元,成为当地经济的重要支柱。

本文作者:王淑、马静

原载中国西藏网(2015年9月6日)

次仁拉姆：
从朗生到自治区人大常委会副主任

德吉梅朵和母亲次仁拉姆

暖春3月，记者又见到了已经83岁高龄的次仁拉姆。在西藏发展史上，民主改革时的"朗生互助组"可谓赫赫有名。当年这个互助组的组长次仁拉姆，更是被人们广为传颂。在老人家里，这位西藏民主改革50年翻天覆地变化的见证人讲述了她的经历。

喝着浓香的酥油茶,历史开始铺展。1926年出生在隆子县桑昂曲林的一个朗生家庭的次仁拉姆,从6岁开始,就到领主家干活了,饱受了旧西藏的苦。老人说,在领主眼里,朗生就是"会说话的牲口",既可以当牲口使唤,也可以当作礼品送人,还可以标价转卖……说着这些,老人不禁流下了眼泪。

老人回忆说,每天干完活,只能睡在一个阴暗的门背后,用妈妈给的一块旧牛毛片当作铺盖,冬天的夜里常常被冻醒。每当这时候,她只好偎在牛圈、马圈里,靠牛马的体温取暖或在草垛里取暖。主人每天发给两勺糌粑,根本吃不饱,就这样对付着挨过一个个苦难的日子。在领主家里干了两年活后,八九岁的时候,次仁拉姆就开始上山砍柴。"到1959年西藏民主改革时,我已经当了33年的农奴。"次仁拉姆说。

1959年,次仁拉姆同西藏百万农奴一样翻身得到了解放,当时政府给她全家三口人分了房子、土地、绵羊等。次仁拉姆有生以来第一次有了属于自己的财产,情不自禁地流下了激动的眼泪,全家跳起了欢乐的舞蹈,衷心地感谢共产党和毛主席。

　　1960年，次仁拉姆加入了中国共产党，并带领11户朗生在山南地区乃东县结巴乡成立了第一个朗生互助组，投入生产建设，受到了各级党委、政府的表彰。1963年10月，次仁拉姆作为自治区少数民族国庆观光团的成员，第一次来到了北京，并受到了毛主席等中央领导的接见。1965年她被选为自治区第一届人民代表大会代表；农牧区实现公社化后，她担任了结巴公社的党支部书记；1979年9月和10月她分别荣获全国"三八"红旗手和全国农业劳动模范等光荣称号；1978年和1983年她分别当选为第五届和第六届全国人民代表大会代表，并先后担任过自治区党委委员、自治区人大常委会副主任等职务。

　　如今，次仁拉姆已退休在家，但她仍时刻心系党和人民。次仁拉姆笑着说："父母叫我次仁拉姆，'次仁'在藏语中是长寿的意思，'拉姆'是仙女的意思。在过去，我只不过是一个苦命的朗生，只有在共产党的领导下，在社会主义新西藏，我才真正成了'长寿仙女'！"

　　闲暇时候，老人经常进学校、入基层、走军营，向新一代讲述新旧西藏的历史，宣传党的好政策。次仁拉姆信心百倍地说："西藏民主改革50年来，经济、社会取得了举世瞩目的成就，城乡面貌发生了翻天覆地的变化，人民群众过上了

次仁拉姆家鲜花盛开

幸福美满的生活,这一切都得益于党的正确领导,我相信西藏的明天一定会更加美好!"

本文作者:李文健、梁军

原载《西藏日报》(2009 年 3 月 20 日)

央金:西藏的第一位女律师

访谈印象

在拉萨,很多人称呼律师央金为"央大律师"。

西藏第一代律师,西藏第一位女律师,第一个出来开办合作制律师事务所,第一次以律师个人名义开办法律援助

央金青年时代

央金近照

中心……央金创下了西藏律师行业的多项"第一"。

为什么她能如此优秀,揽下如此多"第一"?央金说,我向来对自己很有信心。

我5岁的时候随父母调动工作来到拉萨,在这座城市里,我完成了从小学到高中的学业。1981年我高中毕业,考上了西南政法学院法律系,成为那一年考上西南政法学院的5个藏族学生之一。当时,之所以报考法律专业,完全是出于一种朴素的认识:公检法是很神圣的一个工作,因为公检法是最早穿制服的。当然,我最初的这种选择,在某种程度上也可以说是在父母的影响下做出来的。我父母都是昌都那边的人,民主改革后,他们被送到咸阳民院学习,然后参加革命工作。他们那一代人对公检法可能都怀有一种神圣的感觉吧。

在拉萨读中学时,我没有觉得汉族、藏族有什么差别。我一直读的是汉语班,接触的也大多是汉族同学。进了大学后,周围环境的变化和反差,使我第一次强烈地意识到自己是一个少数民族。西南政法学院在重庆,少数民族学生不是很多,我们那一届只有5个藏族学生,各个年级全都加起来,藏族学生也只有20多个。除了人数少以外,我们的学习基础也普遍比汉族同学差,因此,刚进校时,我的压力比较大,整天埋头看书,高考时都没有那么努力过。不过还好,经过努力,头一年我就考了前几名。以后我就一直是班里的学习委员,在学校期间还入了党。

1985 年我大学毕业,选择了回西藏工作。我被分配到了自治区司法局公证律师管理处,这个处分管公证和律师两块工作。按理说,那个时候我已经进入机关,也可以就此在管理岗位上平稳地做下去。可能还是心有不甘吧,我觉得西藏还没有多少律师,也没有律师机构,你去管理谁?

1985 年 10 月,西藏的第一个法律服务机构——拉萨市法律顾问处成立了,我和好几个同学都到那儿去了,做兼职律师,从此我开始了律师生涯。

那时,我并不知道自己后来可以有这样的潜力。但是一路做下来,我越来越喜欢这个职业。律师是一个非常富有挑战性的职业,它需要很强的独立工作能力。如果在法庭上你的灵活和应变能力、你的智慧,得到了法官、检察官的认同,你的能力和水平、尽心尽责的职业操守得到委托人及其亲戚朋友、旁听群众的肯定,那种欣慰感是一种精神上的极大享受。这种感觉和钱没有关系,像我们办的一些刑事案子,根本不挣什么钱。

记得办第一个案子的时候，我拿着卷宗，也没有什么人可以商量，必须自己拿出意见来。开庭前我准备得非常认真，看案卷，调查取证，案情也弄得很熟，结果一开庭，我连辩护词都念得结结巴巴，腿也在发抖。回家后我跟家人说，我怀疑自己是不是适合做这一行。我妈妈鼓励我，什么事都要坚持，你尝试了才知道行不行。

至今我仍经常跟年轻律师说，认真对待每一起案子，这是基本的职业操守。对我们来说，天天都在处理案子，或大或小，只是其中的一个而已，而对当事人来说，可能是他们人生中最重要的时刻。所以，凡是我经手的案子，哪怕是几千元的小官司我也会认认真真地做好。

由于西藏律师不多，至今也只有一百多名，所以案子很多。直到现在我也基本上没有什么业余生活，经常是忙了一天，回到家里累得连话都不想说了。

到了 1990 年，国家开始试行律师体制改革，鼓励律师从机关走向市场。1993 年，我从国办所离职出来，成立了西藏第一个合作制的律师事务所，那一年我 29 岁。

律师这个行业，在机关里面做和自己出来做有一定的区别。出来以后会有更大的自主性，你可以按照自己的想法去发展。但是，如果你没有一定的能力，你不努力，那你肯定是过不下去。当时,不仅我出来了,我还把弟弟也从体制内带出来了。我弟弟群培从北京青年政治学院毕业后,开始是在自治区团委工作,后来,我把他动员过来跟我一起当律师,因为他本身也是学法律的。

我弟弟群培是一个很有想法的人。2005 年群培留学回来以后,就提出我们应该做一些法律援助这样的公益事业。他跟我说,你不要天天就为那些有钱人和付得起钱的人去打官司,律师应当对那些有法律需求而又付不起费的人提供帮助。2006 年,经过自治区司法厅批准,我们注册成立了西藏央金法律援助中心。这应该是西藏第一家由律师个人开办的法律援助中心。

随着西藏经济建设的发展,这里吸引了很多外来务工人员,这个群体经常会面临拖欠工资、工伤纠纷这些侵害权益的事情。而且,藏族农牧民出来务工的人员也逐年增加,在我们经手的农民工案子里,藏族案件大约占四分之一。过去藏族老百姓普遍不愿意出去打工,他们更愿意一家人围在一起种地。随着社会发展,他们的观念也有了改变,一些年轻人也愿意出去闯一闯。但是,他们的工资一般都比较低,这一方面是技能上的差别,另一方面是他们自身维权意识弱。

针对保护农牧民工权益的问题，2007 年，我们成立了西藏农牧民工法律援助工作站，专门为农牧民工维权提供法律服务。考虑到一般有了劳动纠纷争议，多数人首先都会想到去找劳动人事部门，找劳动争议仲裁委，于是，我们把工作站的牌子挂到了仲裁委。只要农民工去了，仲裁委一般也会建议他们来找我们。

2009 年，我们又筹备成立了西藏法律援助基金会，希望开拓多种渠道，筹集到更多的资金，使更多需要法律帮助的人得到救助，也给更多的律师提供一个承担社会责任、锻炼成长的机会。

我们律师事务所现在有 20 多人，他们平常有案子就跑案子，没有案子的话就做一些法律援助工作。另外，我现在还担任了自治区律协副主席，每次律协开会，我就会给各个地区的律师事务所"下任务"：如果你的律师事务所法律援助案子不多，可以以我们援助中心的名义来做，到年底的时候把案子带来进行结算。

回头看我这 25 年的律师生涯，应该说，还是让人很自豪。我们恒丰律师事务所是一个很好的工作团队，这些年来，我们承办了各类案件 3000 多件，辩护意见采纳率达到 80% 左右；先后为 160 多家企、事业单位担任常年法律顾问，为顾问单位及当事人挽回经济损失达数亿元。我还担任了拉萨市政府的常年法律顾问。

作为西藏最早的一批律师，我可以说是一个见证者。在我的从业经历中，折射出了西藏法治建设的进步历程。

我们这个民族过去基本上没有法律意识，如果遇到纠纷，大家会更愿意找亲戚朋友、德高望重的乡亲，或者请寺庙的活佛来做工作。不要说进法院打官司，有的人甚至连律师事务所都不好意思进。随着西藏社会经济的发展，老百姓的法律意识增强了，从 20 世纪 90 年代初开始，民事案件、经济案件逐渐增加，更多的人开始愿意在法律的框架下寻找解决问题的办法。企业的法律意识也逐渐增强，开始有了经济合同的概念。过去，我们藏族人非常忌讳合同，认为签合同就意味着不信任。现在，不光是大企业，包括那些小的手工业作坊也改变了观念。

做律师这么多年，经常有人会问我，哪个案子是你办得最成功的？我说，这是一个比较难回答的问题。让自己的当事人满意，也让对方当事人认同，觉得你是从法律的角度在谈问题，于情于理让大家心服。一个案子如果能够得到这种结局，我认为就可以说是成功的案例。

我这个人一谈起案子来就兴奋，有的时候光忙着跟当事人谈案情,甚至忘了谈代理费。所以,很多人都说我好说话。

我们这个民族历来有人帮人的传统,尽力帮助他人,不求回报。我这些想法和做法可能还是受民族文化的影响吧,能帮别人的我都会尽量帮。

本文作者:陈本建

原载《中国妇女报》

强俄巴·次央：
西藏第一个藏族女教授

　　强俄巴·次央，1975年毕业于中央民族大学，曾梦想做一名优秀记者的她，毕业后却被分配到了西藏师范学院（现西藏大学）当老师，怀揣记者梦却成了一名教师，她曾伤心地流过眼泪。强俄巴·次央没想到，参加工作两年后，改革开放的春风吹进了校园，宽松的工作环境，使她在教师岗位上一干就是一辈子，且硕果累累。1999年，47岁的强俄巴·次央被西藏大学评为藏族历史专业教授，当时她是西藏大学唯一的女教授，也是最年轻的教授。据新华社的报道，她也是西藏第一位藏族女教授。

知青岁月不忘学习

　　在"知识青年上山下乡"大潮中，十多岁的强俄巴·次央成了一名知青,下到拉萨市堆龙德庆县,和农牧民一起干农活、体验农村生活。艰苦的环境让强俄巴·次央更加坚强。"当知青那段岁月,令人难忘。"强俄巴·次央回忆起那段岁月时说,那时内心十分渴望学习,总是想办法看书,偶尔也为当地的民办小学学生授课,教舞蹈和藏文。20世纪70年代初,强俄巴·次央走进了中央民族大学,人生自此开始改变。

两进中央民族大学

1975年,强俄巴·次央从中央民族大学毕业。当强俄巴·次央还徘徊在西藏师范学院(现西藏大学)大门外时,毕生从事教育事业的父亲鼓励她:"干吧,全家都支持你。"强俄巴·次央回忆起当年的徘徊和不情愿时说:"现在回想当年那一幕,真的很幼稚,我很感谢父亲给了我当老师的勇气。"

改革开放的春风吹进校园, 为了进一步培养人才,1979年,强俄巴·次央被选送到中央民族大学深造,这是她第二次踏进中央民族大学的校门。对于这次学习机会,强俄巴·次央倍加珍惜,并于当年通过了全国统一考试。强俄巴·次央强调说:"从一个什么都不懂的年轻人, 到一名光荣的教师,改革开放给了我机会。"

偷偷看过《青春之歌》

谈到早年学习经历,强俄巴·次央讲到了一个难忘的细节。在《青春之歌》《红与黑》《苦菜花》等书籍还没有在市场上公开发行的年代,为了学习汉语,强俄巴·次央曾在同学、朋友那儿四处借过书,还"拦截"过往造纸厂送废纸的工人。她说,在看杨沫的《青春之歌》时,特意包上普通的书皮,倍加珍惜,认真地看。"现在这些书在新华书店、网上都能轻松买到,很多好书还能网上下载,购买电子书,这些在过去想都不敢想,改革开放,带来的变化是惊人的。"

二十多年奋斗终成名

"改革开放和我国广泛的对外文化交流活动使我的研究成果得到了同行的认可,也开阔了我的研究领域。"强俄巴·次央说,她的处女作《桑耶寺的名称考辨》论文,在1985年获得了西藏大学首届学术讨论会论文二等奖。从此,她对藏学研究的兴趣更加浓厚。1985年,她的论文《十三世达赖的新政措施》,在温江举行的全国藏学研讨会上宣读,产生了不小的反响。后来,有不少学者在文章中引用她的学术观点。1999 年,强俄巴·次央被西藏大学评为藏族历史专业教授,当时她是西藏大学唯一的女教授,也是最年轻的教授。二十多年过去了,她从一名普通的教师成长为国际知名的藏学家。

为西藏妇女鼓与呼

在一次课堂上,有位学生向强俄巴·次央提出了这样一个问题:在西藏历史上妇女的作用极少被提起。这个问题引起了她深深的思考,促使她研究西藏妇女。2002 年 11 月 17 日, 西藏大学藏学系和挪威奥斯陆大学文化研究系合作开办的西藏大学藏学系妇女研究所挂牌成立,圆了强俄巴·次央的一个梦。她说:"这要感谢我的学生,是他们启发了我的思路。"

采访过程中, 现为西藏大学副校长的强俄巴·次央一直为自己因感冒声音嘶哑向记者表示歉意,谈到自己的成就时,语气里更多透着谦逊、平和。她说,现在学校高学历、高职称的女干部越来越多, 她有一种无形的压力,"迫使"她每天不断学习。"20 世纪 90 年代,我是拉萨最早一批使用电脑的,后来从零开始学英语,出国考察尽量不用翻译,新鲜事物每年都在增加，我要学的东西也很多。"记者听到这句话时，很难相信她已有五十多岁。

本文作者：饶春艳、李林

原载《西藏商报》(2008 年 11 月 27 日)

达娃卓玛：从一个藏族姑娘的奋斗之路折射西藏教育变迁

达娃卓玛在演讲

2015 年 8 月 10 日上午，西藏措勤县隆重举行第九届扎日南木措文化旅游节，个人演讲比赛、文艺会演、篝火晚会、体育竞技、商贸活动等内容丰富多彩，两万余名措勤各族人民参与此活动。大美的措勤县正蓬勃发展,措勤人用舞蹈和欢乐迎接西藏自治区成立 50 周年大庆。

其间的个人演讲比赛中,一位姑娘的演讲引起了记者的关注。

漫漫求学之路

达娃卓玛 1996 年就读于措勤县完小,她说:"当时我们放学后踩泥沙路面,顶风冒雪回家,住在土坯房里,回家做家庭作业点着蜡烛挑灯夜战,见着蔬菜水果很稀奇,县城汽车很少见,信息通讯闭塞,整个措勤县城就像美国西部片里一样落后荒凉。"达娃卓玛说:"当时生活学习条件极差,经过 6 年艰苦卓绝的拼搏,应了那一句'功夫不负有心人',我考上了内地西藏班,从此踏上了 4 年的求学生涯。"

"考上内地西藏班那年我 12 岁,年幼的我时刻念家,语言的障碍让我对学习失去了信心,在一次测验中我考了全班倒数第三。那一次测验的挫败,在我的心里留下了极大的阴影,记得那一次与父亲打卫星电话汇报成绩,父亲在电话那头没有一句谩骂,还鼓励我继续努力。每每上课我总能看到,教室墙上写着的'好好学习、做新西藏的接班人',这给了我心灵的安慰以及鼓舞。从此我发愤图强,利用别人休息、玩耍的时间用功学习,性格内向的我鼓起勇气向老师提问、请教,利用周末时间向学姐学长请教他们的学习经验与方法,为我所用。随着时间的推移,每次测验,我的成绩都呈上升趋势,从初二开始我的成绩稳固在班级前十名。有志者事竟成,中考那年,我的成绩居然排在年级前十名。从班级倒数第三到年级前十名的跳跃,此等可喜佳绩,除了自己的勤奋,更是离不开老师与同学的大力帮助。"

达娃卓玛就读的学校

汉藏高原情,共续格桑花

达娃卓玛激动地讲道:"说到这里, 我不得不提到一个人，她就是我的初中班主任，叶老师，一位被我们尊称为'母亲'的汉族老师。她总是到我们寝室嘘寒问暖，讲述她的成长故事，鼓励和鞭策我们好好学习。特别是当我们因思念远在千里之外的父母而忧伤的时候，她总是安慰我们：'出来是为了更好地回去，此刻你们勤奋学习是对父母最好的报答。'每当我在学习和生活上遇到困惑时，她总是第一个出现在我身边的人，给我带来心灵的慰藉和激励，使我静下心来踏踏实实、认认真真地学习文化课程。虽然我们已分别9年了，但她的音容笑貌依然常常在我的脑海里闪现，使我更加想念这位'叶妈妈'。"

一分耕耘，一分收获

达娃卓玛经过4年不懈的耕耘，终于迎来丰硕的成果，2006年她以优异的成绩考上了山大附中，开始了人生的另一段求学生涯。她在附中满怀激情地努力学习各种文化知识，积极参加学校的各项文体活动，喜欢文艺的她在附中找到了发挥的舞台。据回忆，那年在一次学生会换届时，她用藏语演唱了一首措勤县原生态歌曲，她真诚朴实的发言获得了评委老师与同学们的一致好评，从而顺利地当选了山大附中学生会文艺部部长。

2009 年她又以优异的成绩考上了自己理想的大学——中国海洋大学。入学后,达娃卓玛利用业余时间去参加学校组织的各种实践活动,并成立了"博爱文化交流社",自任社长,通过这样的平台给汉族同胞们展现了一个全方位的西藏,让更多的汉族同胞了解到西藏的宗教、人文、风俗、景观等内容,增进了汉藏同胞之间的友谊与文化交流。

走出去是为了更好地回来

达娃卓玛说道:2014 年我们从大学毕业,有人彷徨,有人选择在大城市就业,而我毅然选择了回到阿里,回到措勤,回到生我养我的这片热土,报答它的养育之恩。也许有人不理解我回到家乡工作的原因,但这并不重要。白鸽奉献给蓝天,星光奉献给长夜,我拿什么奉献给您,我的家乡?我不停地想,不停地问,也许这就可以诠释我回家的缘由吧!我希望可以用我的双手,尽我的绵薄之力,为家乡的发展做出贡献,用学到的知识来改变我贫穷落后的家乡。这里虽然没有大城市的繁华和喧嚣,却有着最淳朴、勤劳、善良、可爱的父老乡亲,在这片热土上辛勤耕耘着,我也以满腔的热情加入他们的队伍。

回馈家乡,甘当村干部

参加工作后达娃卓玛被分配到磁石乡刀青村担任村干部,住进了宽敞明亮的房子,这里有暖廊,通手机,有长明电,有宽带,有电视,有自来水,有温室大棚,柏油路即将建成通车。牧民们住上了安居房,坐在家里看电视,拿起手机打电话,骑着摩托去放羊,开着扶贫拖拉机搞创收,村村公路都连通,牛羊也住进了半封闭保暖圈,这些都是看得见摸得着的实惠。这些都让她切身体会到生活生产条件与她2002年离开措勤时相比,真是天差地别,到处是一派欣欣向荣建设新牧区的景象。

达娃卓玛自信地说:措勤人民正以高昂的斗志,满怀激情,齐心协力为措勤县在2020年同全国一道建成小康社会而努力奋斗。

1984年,国家为加大西藏各类人才培养力度,在北京等城市筹建3所西藏学校,在上海等16个省市分别选出条件较好的一至两所中学举办西藏班。

内地西藏班为西藏源源不断地培养了大量的人才,他们大都选择回到西藏,回到家乡工作。据西藏自治区教育厅统计,30年来,内地西藏班(校)为西藏培养输送中专以上急需人才 3.2 万余人,近半数为大学毕业生。目前,北京、上海、广东等 21 个省市的普通中学、中等职业学校开办有 130 多个内地西藏班和内地中职班,共有藏族在校生 1.8 万多人。

本文作者:马静、次仁桑珠

原载中国西藏网(2015 年 8 月 13 日)

桑珠：登山装备承载着
41年前开启的事业

桑珠在整理1975年攀登珠峰时穿过的国产鸭绒背心

41年前开启登山事业，穿的都是前辈的旧衣服

1952年出生的桑珠是行伍出身。17岁入伍，在那曲比如县当兵，那时他根本想不到自己的人生轨迹会跟登山扯

上关系。机会出现在 1974 年 1 月，专门到西藏招收队员攀登珠穆朗玛峰的中国登山队来到比如县，经过多轮体检和体能测试，最终桑珠和那曲地区其他地方的三十多人一起坐着一辆解放卡车来到拉萨。

在这里，从西藏各个地市选拔上来的三四百人住在拉萨西郊的一排铁皮板房内，进行为期两个多月的体能训练。所有队员随时要检查身体，关注思想动向，哪方面不合格都要被淘汰。最终，只有一百多人留了下来。这一关，桑珠顺利通过了。

终于要与珠穆朗玛峰亲密接触了。1974 年 3 月下旬，优中选优的一百多名队员被带到 5200 米的珠峰大本营进行高山适应性训练。他们从这里开始一点一点向上攀登，5400 米、5800 米、6000 米……沿途的营地被他们一个个甩在身后，最终，所有新队员来到 7028 米营地，住上一两个晚上，由教练观察每一个人的状态。桑珠回忆说，自己在这个位置没有一点反应，头也不疼，饭量反而比平时还多。这一次，桑珠成功进入攀登珠穆朗玛峰大名单。

当年 8 月他们先坐飞机再坐火车，辗转来到北京，继续体能强化训练。每天除了吃饭睡觉，就是背着几十斤沙子往返爬山。训练量最大时，桑珠要背 85 斤的沙子，每次训练结束都累得倒头就睡，有些队员还会累到呕吐，饭都吃不下。就这样，他们从夏天一直练到了冬天。

让桑珠印象最深刻的是，为了节省开支，没有给他们这些新选拔上来的队员购置新装备。他们从穿的到用的，全部是 1960 年攀登珠穆朗玛峰老队员们使用过的。"我领到的鸭绒登山服都补了好几处。登山靴也是破破烂烂的，鸭绒睡袋还到处漏毛，睡一觉起来，身上头上全是白的。"桑珠回忆说，这些旧装备他们一直用到 1975 年正式攀登珠穆朗玛峰之前。

1975 年登顶珠峰，国产鸭绒衣穿上像熊猫

在桑珠的记忆中，1975 年攀登珠穆朗玛峰有着极其重要的意义。"我们是男女混合登山队，队员中有男有女，有藏族的有汉族的，不光要向国际社会展现我国登山队的实力，更是展现我们民族团结的大好机会。"

在当时的政治环境下，这样的登山活动早已超出了单纯体育运动的范畴，成了一次彰显国家实力的行动。尽管当时我国还处于"文革"之中，全国上下百废待兴，国务院还是批复了专项资金为攀登珠穆朗玛峰筹备物资。

"那时候，很多登山装备国内都没有，我们连氧气瓶也

生产不了。"桑珠说,他们当时使用的很多专用装备,如氧气瓶、登山绳索、8000 米以上使用的瓦斯罐等,都是从登山运动较发达的法国和苏联进口的。"进口的氧气瓶非常珍贵,只有在救命时才舍得用。"

登山装备中的食品和衣物则全部是国内生产的。"我们穿的是上海产的羽绒衣,里面塞了满满的鸭绒,倒是保暖,可是穿上以后笨重得很。"40 年后的今天,桑珠回想起当年穿上羽绒衣的臃肿体态,依然忍不住自嘲:"里面还套着厚厚的毛衣毛裤,整个人就像一只圆滚滚的大熊猫。"脚下的登山靴同样塞满了鸭绒,据桑珠回忆,装上冰爪后,整双鞋有六七斤重。"你看,这是我们当时戴的羽绒手套。"除大拇指外,四指连在一起的手套大得出乎意料,桑珠说:"当时戴着特别不方便,可是不戴的话手又要被冻伤。"

回忆起登山时吃的东西,桑珠的心情轻松了不少。除了压缩饼干、各种肉罐头,他们还享受到为 1975 年攀登珠穆朗玛峰特制的白巧克力。"当时在全国只有在珠峰上才吃得到这种巧克力。很好吃,补充体力效果也好。"

14 年登上 14 座高峰,装备更新换代

1975 年 5 月 27 日, 桑珠和其他 8 名队友成功登上珠

穆朗玛峰顶。这次壮举在中国以及世界登山史上写下了浓墨重彩的一笔,同时也是桑珠生命中最值得骄傲的经历。此后,他继续留在西藏登山队,多次参加各种登山活动。

1993 年,"中国西藏攀登世界 14 座海拔 8000 米以上高峰探险队"成立,桑珠作为队长又开启了另一段旷日持久的巅峰探险之旅。探险队的 10 名队员用了整整 14 年的时间,在 2007 年攀登完 14 座 8000 米以上的高峰。

这些年所使用的装备与 1975 年攀登珠穆朗玛峰时所用的相比较,用桑珠的话形容就是"简直是鸟枪换大炮"。由某高端户外运动品牌赞助的各种轻便冲锋衣、登山鞋及睡袋等装备,挂在桑珠家陈列墙的另一端,还带着攀登过程中的尘埃与雪渍。

桑珠家的楼梯间,俨然就是一个小小的登山博物馆。走廊的一面墙上,挂满了他从 1974 年以来登山时所使用过的登山装备,这些装备从简陋到精良,从一个侧面体现了西藏乃至中国登山事业的发展进步。

西藏登山产业渐成气候

随着中国对外开放和登山运动的广泛开展,西藏登山运动长盛不衰,特别是近年来,登山运动逐渐从挑战人类极限转向服务经济社会发展，登山产业已成为西藏经济发展中的一个新亮点。

据西藏自治区体育局统计，自1980年至2014年，西藏累计接待外国登山团队1679支、17248人，创造经济收入逾3.2亿元人民币。此外，大规模的国际登山活动也为山峰所在地的农牧民增收创造了条件。仅2014年，国际登山活动就支付牦牛和牦牛工费、环保费等费用300多万元。

随着进藏的国内外登山者日趋增多，西藏也加大了业余登山的普及力度，每年在春季和秋季举行两次登山大会，截至目前，已经成功举办9届，并建成了羊八井高山训练基地、喜马拉雅登山博物馆。

原载中国西藏网（2015年7月13日）

贡觉次仁:阿里汉子

阿里,向来有"世界屋脊的屋脊、高原的高原"之称。

这里有气势磅礴的古格王朝,有壮美的扎达土林,有淳朴善良的人们,还有一位阿里汉子,他的名字叫贡觉次仁。

办砖厂的贡觉次仁

这位贡觉大叔最喜欢给别人讲的，是他办砖厂的那些事。

贡觉大叔办砖厂

"大家都知道，阿里地区的居民大多数都是牧民，但是我们吉让居委会的居民却都是地地道道的农民。要知道，农民夏天除了浇浇庄稼外，就没什么事了，所以大家在不忙的时候都喜欢到工地上去打零工。但是这零活不是天天都有啊，我们农闲时做什么呢？

"我想来想去，我们这里有的是打砖用的原料砂石，我就琢磨着开个砖厂。这个想法得到了村干部的支持，我们大伙合计来合计去，最后算出来怎么也得要投上5万块钱的成本。

"我们向县里汇报了情况，县里让我们先试试，想想办法，说一定会支持我们。但是居委会哪里有钱啊，我也拿不出这么多钱，只能让大伙一起筹钱。有些居民有点怀疑，怕亏本，不愿意筹钱。

"要想使大伙的想法一致起来，可费劲了，我一家一户地去做工作，慢慢地大家同意了建砖厂，这笔钱也好不容易凑齐了。"

五分喜悦五分辛酸

贡觉大叔喝一口茶,接着说:"2006 年砖厂正式投产,刚三个月,不但收回了本钱,还给 40 多个居民提供了打工的机会。随着政府扶持资金的到位,我们的厂子越办越好,光是 2013 年,不仅发放了 100 多万元的工资,还为村集体创造了 40 多万元的效益。

"办这个砖厂,我遇到了很多困难,被不少人误解,由于平时顾不上家里,家里人也不是很支持我。比如,别人问我家里的小子,谁是你家长啊?他就说:虽说是我阿爸,但农活是阿妈干的,水是阿妈挑的,我阿爸就会骑个摩托车去厂里,家里的事什么都不管。这些都让我心里很不舒服啊。但是作为一个心中可以装下一切的男人,作为一个党的干部,我觉得这点困难没什么。"

我就想让大家一起富起来

贡觉大叔坦言,他建大棚、办厂子、做宣讲,有人觉得他很傻,因为老婆孩子都没时间管了。贡觉说:"我心里明白,我想的不仅是自己家富起来,还想让居民们都富起来,我想和大家一起致富,这是我这辈子想要做的事,也是我这一生的梦想。我想,我们居民富了,普兰人富了,西藏人富了,全国人都富了,国家就富了。"

贡觉大叔的想法很朴实,也很伟大!

原载"雪域青稞"微信号

"大牛毛帐篷"里的"女汉子"

——那曲巴青县委常委、纪委书记阿梅的三块"标签"

2012 年，那曲地区巴青县拉西镇党委书记、33 岁的阿梅当选为党的十八大代表，成为西藏自治区选举产生的 7 名十八大女性代表中的一员。

阿梅 16 岁参加工作，18 年来一直在基层工作，当过会计，做过出纳，担任过巴青乡妇联主任、乡长和乡党委书记。长期与群众打交道的她始终认定一个理，那就是：基层工作无大事，多是些琐碎的小事；基层工作无小事，百姓的事再小也是大事，事关百姓的切身利益，关乎党和政府的形象。

巴青，藏语意思是"大牛毛帐篷"。阿梅，这位从帐篷里走出来的"女汉子"，把她人生最好的年华给了巴青。忆及自己的成长历程，如今已是巴青县委常委、纪委书记的阿梅深有感触地说："只要有心，冬天那曲阴面山上的冰雪也能融化。"

阿梅说，在 18 年的工作历程中，她经历了不同的工作岗位,群众给了她三个标签——

"笔记本书记"

阿梅说,"笔记本书记"的标签源于自己工作中的一个失误。

那时,阿梅在巴青乡工作。一位贫困村民找到她,说要给在上大学的孩子开贫困证明,申请困难补助。当时乡长不在,没法盖章,阿梅便让村民把申请留下,等乡长回来盖上章后再给他送去。没承想,事多一忙,阿梅把这事给忘了,孩子耽误了困难补助申请。事后,虽然这位村民没有什么抱怨,可阿梅心里很是内疚,觉得对不起人家。从那以后,阿梅开始记起

了笔记,把每天要做的事情都记下来,重要的事画五角星,办完的事情打个钩,没做的事画上个问号;同时记下每件事处理的过程,第二天早上起床后再看一遍,记着今天要办的事,晚上回家前再看一遍,看看有没有忘记办的事。几年坚持下来,到现在阿梅已经记了近30本笔记。因为常记笔记,阿梅在巴青乡当党委书记时,大家就开始叫她"笔记本书记"。阿梅笑着说:我是个忘事的书记。可乡亲们说:你是个记事儿的书记,群众的事,你件件都记在本子上呢。

阿梅说,在她的成长历程中,一直有根"弦",这根"弦"就是她的父亲。父亲是翻身农奴,经历过民主改革,见证了西藏几十年来翻天覆地的发展变化。言传身教中父亲教给了她踏踏实实的工作作风和敢于担当的责任意识。

基层工作并不容易,每天各种事情一大堆。阿梅只有初中文化程度,但无论干什么工作,她都会尽力做到最好。为了把全乡89万亩的草场承包到户,她在草原上连续奔波了半年多的时间,先后调处草场纠纷19起,用坏了10多个卷尺。治安状况差一直是巴青乡群众反映最突出的问题,也是巴青乡工作的难点。担任巴青乡乡长后,阿梅走遍了全乡9个行政村的26个自然村,重点摸排出稳定、发展和教育等方面的11个问题,成功调解各类矛盾纠纷150多起。同时,她还组织起护乡队、护校队、护村队、护寺队、护路队等 13 个治安联防小组，全乡社会治安明显好转。

凭着忘我的工作热情和优异的表现，2011 年，阿梅被评为西藏自治区优秀党务工作者。

"劝学书记"

在阿梅的笔记本里，记得最多的是孩子们上学的事。

在江绵乡当副乡长分管教育时，阿梅发现一种现象，由于当地盛产虫草，加上交通不便，群众觉得孩子在家挖虫草比上学更能挣大钱，平时还可以放牧，即便孩子将来读了大学，也不一定比在家好。

当时，江绵乡许多适龄儿童闲散在家，乡完小仅有 50 多名学生，适龄儿童入学率不到 20%，阿梅看在眼里、急在

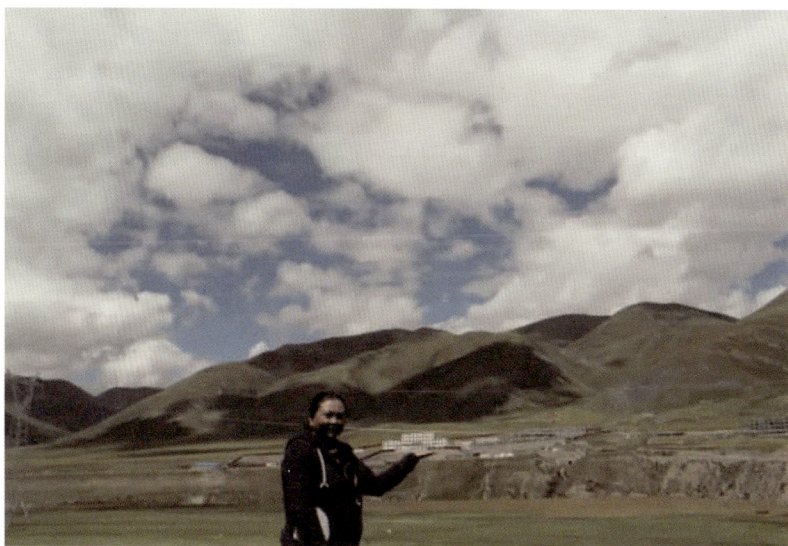

心上。

　　于是，阿梅和同事们一道，骑着马，一家一户地去劝学。牧区牧民居住分散，离乡政府远的牧户，骑马也要走两天时间。到了还要不厌其烦地做群众的思想工作，不停地给家长讲上学的好处。遇到"固执"的群众，阿梅比他们还要固执，一趟不行，就跑两趟、三趟。阿梅记得，有一户牧民家她跑了15趟。就这样，经过一个夏季的劝学，全乡823名适龄儿童一个不少地全部走进了学校。阿梅说："这个数字我这辈子都不会忘记，几乎每个孩子都是我们一个一个领到学校去的。十多年后，一次我到西藏大学，一个学生认出了我，他就是那823个孩子中的一个。"

阿梅重教,全县闻名。担任巴青乡党委副书记、乡长后,阿梅的"第一把火"就是办成人扫盲班。一年多的时间,她举办了 13 期扫盲班,全乡 1100 多名群众参加了扫盲班,扫盲率达 100%,顺利通过了自治区"普六"验收,2011 年又通过了巴青县、那曲地区、自治区"普九"验收。

"毛主席的'铁粉'"

"远在阿里,苦在那曲。"这是在西藏干部群众中流传甚广的一句话。

作为青藏高原典型的高寒牧区,那曲地区平均海拔在 4450 米以上,工作环境的艰苦程度可想而知。

对工作环境、工作条件,阿梅从没向组织上提过任何要求。在这片"离太阳最近的地方",她从一个办事干练的小姑娘成长为百姓口中的"我们的书记",做出了不让须眉的奉献。组织上每次调动她的工作,当地百姓都会百般挽留。每每说及这些,阿梅总是一脸坚定:"群众的口碑是对我工作最大的肯定。为老百姓做事我无怨无悔。"

阿梅的父亲,一位经历过新旧西藏两重天的翻身农奴,这一辈子最崇敬的就是毛泽东主席。他收集了许多毛主席的画像、像章,每顿饭前,老人家都会抚摸着胸前的毛主席像章,念叨"感谢毛主席,感谢共产党"。对子女,他时常教育:"毛主席和党的恩情,比山高比海深;没有共产党,就没有今天的幸福生活。这份恩情,你们可千万不能忘记啊!"

"你既然是党员,又是干部,一定要用心工作,不要辜负了党,更不能做对不起党的事。"自从当上乡干部后,父亲便经常告诫阿梅。父亲坚守一辈子的信条,让她深受感染。每每向乡亲们许诺时,她都要习惯性地加上一句"向毛主席保证"。

为此,乡亲们称她是"毛主席的'铁粉'"。

阿梅有一儿一女,儿子7岁,女儿才4岁,由于身体不好,一双儿女都是剖腹产。

"家里没人带孩子,儿子从3个月大,就被我带着东奔西跑,跟行李似的。"因为不适应高原寒冷缺氧的环境,有一次儿子重病发烧,影响了大脑发育。由于工作太忙,丈夫又是驻寺工作队员,长期住在寺庙里,后来,阿梅只好把两个孩子寄养在姐姐家。谈起孩子的事情,干练乐观的阿梅忍不住掉眼泪。

有付出就有回报。现在老百姓心里想什么,都会告诉"我们的书记"。18年来的辛勤付出,阿梅获得了许多荣誉,被选为党的十八大代表。

　　阿梅最喜欢的座右铭是："不忘初心，方得始终。"她至今还清晰地记得自己参加工作的那一天，面对毛主席像，她曾郑重起誓：要做一个对得起党和人民的干部。

　　阿梅说，基层工作虽不易，但她相信，只要有心，即使那曲冬天阴面山上的冰也能融化。18年，她以这样的信念工作，不忘初心，她做到了。

原载"雪域青稞"微信号

巴桑次仁的美丽乡村梦

——记曲水县南木乡江村党支部第一书记巴桑次仁

曲水县南木乡江村，地处 318 国道旁，常住人口 1434 人，人均收入 8495 元。走进江村，棋盘般的田地里一座座新盖的藏式小院、一条条宽敞笔直的马路、一排排整齐的防护林，一幅让人心醉的乡村美景跃入眼帘。2014 年，经常来往于 318 国道的长途驾驶员们新奇地发现，江村变美了，江村人的精神风貌变好了，形成了一幅"人与自然相映成趣、绿树与村庄相得益彰"的美好画面。

说起这些变化，就不得不提这位肯干、能干、热心的第一书记——巴桑次仁。2013 年 1 月，巴桑次仁服从党组织的召唤，到曲水县南木乡江村担任党支部第一书记。"总要深入下去，让村民看见你，把你当成村里的一员，用真心，说实话，办实事，做老百姓的贴心人，才能上通下达，当好百姓和政府的联系人。"巴桑次仁用实际行动兑现了自己的诺言,把一名党员干部对山村群众的一腔深情全部倾注,得到了群众的信任与支持。

他的坚定给了群众一方乐土

地处318国道旁的江村,近年来由于旅游资源的不断开发,也一并热闹了起来。来来往往的游客使江村人的口袋比原来鼓了一些。但是村庄两旁的植被并没有生机盎然,反而是死的死、歪的歪,有的地方甚至已经成了荒地,并被旅游垃圾堆成了山。巴桑次仁看到这种情况按捺不住了,凭着自己林学专业的背景,他一上任就大胆提出实施江村公路沿线绿化工程的想法。没想到这个提议马上遭到了部分干部的反对,"资金不好找""有些地方种下了,也不一定能活""老百姓家门口的区域不好动",各种质疑接踵而来。"我不信,我来试试。"巴桑次仁在村干部面前立下了军令状。

为了筹集资金,巴桑次仁把县林业局、农牧局、财政局、发改委、妇联、团委、工会等沾边不沾边的单位都跑了个遍,经过半个月的努力,终于筹到了22万元的绿化工程资金。有了钱,巴桑次仁立即发动干部群众一起动手干。拉树苗,他自己一人开车把1000多株树苗运到村里;打水井,他不懂,就一直守在工人旁边监督;安围栏、种树苗,他与全村

100 多名群众一起大干了 45 天。想到先前因为没人管，致使江村绿化面积大大缩小的教训，巴桑次仁白天干完活，晚上挑灯夜战起草了《关于江村道路沿线绿化管理制度及职责》，详尽细化了树木、水井、围栏等的养护和管理。如今，道路两旁小树成排，原先的垃圾荒地变成了草坪，成了村民们过林卡的一方乐土。村民拉巴打趣地说道："江村绿了，我们的第一书记却黑了，这小伙子肯干啊！"

他的热心成了群众的保护伞

从来到江村的那一天起，巴桑次仁就对自己的全新工作格外重视："既然组织把我派来了，我就要把这里当成自己的家。"

"脚下有多少泥土，心中就有多少深情。"为了尽快进入工作角色，巴桑次仁挨家挨户地了解情况。走访过程中，巴桑次仁经常是一天徒步十多公里，饿了就啃几口自己带的馒头。村民们都说："这个小伙子和城里人不一样，就跟咱村里人一样，实诚，心眼儿好！"每到一家，巴桑次仁没有发名片，也没发便民服务卡，而是盯着户主把自己的手机号码存在他们手机里。于是，第一书记巴桑次仁的手机号码就变成了江村村民的"110"。

有一次,村民旺姆给巴桑次仁打来电话,希望他能给自己找个工作。经了解,旺姆的丈夫在曲水县城里当辅警,长期不能回家,家中只有她一个人带着3个小孩,为了维持生计,她需要外出打工,却又不能长期把孩子托给亲戚邻居带。她听说,村里来了个能干的第一书记,就想打个电话试一试,能不能帮忙在家附近找一份工作。

接下来的几天里,巴桑次仁跑遍了本村和附近村的学校、卫生院、企业,最终在南木乡小学为她找到了一个临时工的岗位。这件事之后,巴桑次仁的"110"热线变得更加繁忙了。有人问:"你就从没有感到厌烦吗?"他笑着回答:"如果没有完成群众拜托的事情,心里倒真的会有一种沉重的挫败感。"

他的筹划塑造着江村的未来

看着江村一天天的变化,巴桑次仁心里十分高兴,但是他不仅仅满足于现有的成绩。巴桑次仁闲暇时,都在规划着江村今后发展的蓝图。于是他开始翻阅大量的资料,借鉴其他地方的发展模式,最终结合江村位于318国道旁、离拉萨市区较近、绿树成荫和现有的产业发展等各种优势,又鉴于现在城里人对"山气日夕佳,飞鸟相与还"那份怡然自得的向往,巴桑次仁大胆地提出了"将江村原来的传统农业形式转变为绿色文化旅游农业，满足城里人渴望在节假日到郊外观光度假的愿望"。这样的发展思路既保护了生态环境，群众又可以在家门口增收致富，所以得到了班子成员和群众的一致赞同。

目前，沿着这条发展思路，江村的绿色文化旅游农业发展得如火如荼。江村现已联合"羌嘎宾敦"旅游文化服务合作社，大力发展民族手工业、纺织业，让城市居民了解那些即将消失的民间手艺；与江村的"鑫赛"瓜果蔬菜合作社合作，通过土地流转的形式，种植玛卡，提升净土产业的建设，打造绿色健康的农产品；结合"双联户"工作的开展，大力扶持家庭旅馆项目，强化江村绿色文化旅游产业链……尽管这一切才刚起步，但巴桑次仁一直坚信，美好的蓝图即将实现。

自从巴桑次仁到了江村，江村更绿了，群众的心更暖了，未来的道路更亮了。这些细微的变化正如巴桑次仁说的那样："我没有能力让全村老百姓立即大富大贵起来，但我有信心和决心，让全村老百姓的生活再上一个台阶。"为此，巴桑次仁正不知疲倦地奔波在路上……

本文作者：王珊

原载《西藏日报》(2014 年 11 月 12 日)

多吉:唱响丰收幸福歌

走进多吉老人家,宽敞的院子里,几十头牛羊让人一下就感觉到这家是一户养殖大户。

"像我们这样的养殖户,在村里还有不少,我们家的规模只能算中等。"老人看到我们惊叹的表情,如此向我们解释道。

多吉老人今年71岁,家住白朗县洛江镇洛江村。老人有7个子女,或在拉萨工作,或在家务农。老两口跟儿子加布一起生活,家里有37亩土地、45只羊、10头大畜。

老人说,在旧西藏,他们家是"差巴"出身,虽然有人身自由,可生活状况比农奴家也好不到哪儿去。

当时老人一家是没有土地的,靠租种当地庄园主3亩土地为生。

"要想租种庄园主家的土地,不仅要承担很重的租子,还必须无条件为庄园主干一定天数的活。"老人深有感触地说,"遇到好年景,还能勉强维持生计,可遇到坏年景,那可真是没有活路。"

从老人的回忆中,我们慢慢了解到,洛江村位于午楚河畔,土地肥美,可即使如此,在旧西藏粮食产量仍然很低,一亩地能产 300 斤粮食就非常不错了。所以即使遇到好年景,多吉家最多也就能留 200 斤粮食,其余都是庄园主的。

不仅如此,无论是春播还是秋收,都要先到庄园主家去干活,干完了才能轮到自己家。这是没有条件可讲的,因为这就是租种庄园主家土地的条件。老人回忆说:"有一年秋收,家里的青稞都倒到地里了,不赶紧收就要坏在地里。可没有办法,还得先去庄园主家干活。等到回来再收自家青稞时,青稞都在地里发了芽。可即便如此,当年的租是一点也不能少,还必须是上等青稞,逼得人只能借债度日。"

民主改革后,老人家里分到了 10 亩土地,老人对土地精心呵护,他们家的亩产量总是比别人家高。1971 年,他当上了生产队长,带领村里人一起发展农业生产,改革开放后,老人还当上了村支部书记,直到前些年才卸任。

老人介绍,去年他家种了 30 亩的"藏青 2000",一亩地能产 800 斤左右粮食,比过去多产 100 斤,30 亩地收成就超过 25000 斤。他家卖了 10000 斤，收入就达 20000 多元了。

谈起这些，老人说，旧社会是租种庄园主的土地，你就是干得再好，也是给庄园主干。如今，土地承包到户，产的粮食全部都是自家的，所以特别有干劲。

作为老村支部书记，多吉老人还特别关心村里的农牧业生产，在老人的带动下，如今，洛江村都种上了"藏青2000"新品种。老人告诉我们，洛江村有 2835 亩土地，新品种每年能让村里粮食增产 20 万斤以上，增收 30 余万元。

我们有理由相信，靠着发展农牧业生产，多吉老人家的生活一定会越来越美好！

本文作者：王杰、米玛、陈敬、旦增平措

原载《西藏日报》(2014 年 11 月 10 日)

普布仓决：新旧社会两重天

见到普布仓决老人时，她刚给亲戚家送完东西回来，正准备进家门。老人步伐有力、精神矍铄，看不出已是76岁高龄。

"多亏了党的政策好，让家里的日子越过越好，心里舒坦了，身体自然就好。"普布仓决老人说道。

家住白朗县巴扎乡差吾冲村的普布仓决老人，在旧社会是当地一个庄园里的农奴。作为农奴，老人年轻时没少受苦。

"我的父母都是农奴，作为农奴的后代，一生下来就是农奴主的私有财产，注定了作为奴隶的悲惨命运。"想起旧社会的悲惨境遇，老人潸然泪下。她告诉我们，因为吃不上饭，她从14岁开始就主动要求给庄园主干活，以换取每天可怜的一点糌粑。

在老人的记忆里，她什么活都要干，既要侍候庄园主，又要到地里干农活。可即使这样，一不如庄园主的意，就会遭到一顿毒打。

老人记得特别清楚的一件事是 17 岁那年，她有次去背水，因为贪玩，回来得晚了一点，进门时又撞到了庄园主的马，这一下可闯了大祸，庄园主叫人把她绑起来，拿起皮鞭，对着她就是一顿狠抽。

普布仓决被打得遍体鳞伤，直到庄园主打累了，她才被父母抬了回去。就是这么重的伤，没过几天，她还得带伤坚持去干活。

"不干活，庄园主就不给你发糌粑，父母的口粮也少，为了生存，只有坚持去干活了。"老人说，其实，每天发的糌粑也就是让人饿不死，庄园里说是一天三顿饭，可从来没有让人吃饱过，一顿饭就是一点点糌粑就着清水，根本不顶用，一会儿就饿了。

老人还告诉我们，民主改革前，她和家人从来就没有在房子里睡过，每天晚上都睡牛棚，跟牲畜在一起，牛马拉尿都会溅在他们身上，为了取暖，他们还要尽量和牛马靠在一起。

共产党来了，满天的乌云都散了。特别是民主改革后，老人一家分到了 12 亩土地、1 头毛驴、4 只羊、2 间房子，普布仓决老人还当上了区里的妇女委员。老人说："那时候，才觉得自己是个人，才感到生活有了奔头。"

如今，普布仓决家的生活更是变了样。老人指着自家装饰精美、宽敞明亮的大房子说，2010 年修起来的，当时花了 30 多万元，安居工程给补贴了 1.5 万元。老人告诉我们，家里能修起这么好的房子，还是她弟弟帮扶的结果。

从老人不是很清晰的言谈中，我们大概听了出来，老人的弟弟是很早的一批少数民族干部，如今已经退休在拉萨定居。普布仓决跟儿子一起生活，她的儿子每年打工也能收入 2 万元左右。

谈起今天的幸福生活，老人说，过去是吃不饱、穿不暖，可如今想吃什么就有什么，到拉萨去，餐馆更是多得数也数不过来，川菜、火锅、串串……过去庄园主都吃不上的好东西，她也都享受到了。

普布仓决老人现在最盼望的事，就是孙女考上大学。老人说，她经常拿曾经当干部的弟弟来做榜样，教育后代，让大家知道，只有学好知识，才能改变自己的命运，才能更好地为国家做贡献。

老人的孙女今年上高三，成绩很好，考上大学是一点问题也没有。对此，老人非常欣慰，感觉自己后继有人，也感觉将来的生活一定会越来越美好！

本文作者：王杰、米玛、陈敬、旦增平措

原载《西藏日报》(2014 年 10 月 6 日)

央嘎：
七年留学，不忘家乡拉萨

央嘎在为牧区老人看病(图片由西藏藏医学院提供)

　　西藏藏医学院是目前中国唯一的藏医学研究和教育基地，自20世纪80年代藏医学院从西藏大学独立出来开始，这所学校几乎聚集了西藏本土所有藏医界的精英。其中，留学美国7年，既做过访问学者，又做过学生，还做过讲师的央嘎，便是其中之一。

如今的央嘎，已经成为西藏本土医学面向世界的一个代表，既有留学经历，又有深厚的学术功底，央嘎在藏医学院担任着很多重要的职务，他所取得的成就也频频见诸报端。而在这成功的背后，央嘎的求学经历可谓"苦尽甘来"。

央嘎是牧区的孩子，老家在那曲地区的比如县，出生于1966年。他从小没有正经上过学，童年时代的生活与牧区的大多数孩子一样，赶着羊群漫山遍野地飞奔，看着草原的花儿与雪山四季变幻。后来，他觉得自己应该走出去，看看更广阔的世界。求知的欲望使他从小便将求学的理想深埋在心底，直到1978年。

那一年，他12岁，中国有了翻天覆地的变化。而在遥远的西藏那曲比如县，县中学在这一年开了预科班，央嘎听说后迫不及待地报了名，从此开始了他的求学之路，然后便是年表式的求学经历：1983年顺利升入高中，然后考入西藏大学藏医系；第二年，也就是1989年，藏医系从西藏大学独立出来，成为西藏藏医学院，而央嘎则继续学习深造；1991年，央嘎毕业，留校任教，并于1999年考取西藏历史上第一批硕士生。

一路求学，他对藏医的热爱有增无减，他迫切地希望能够将自己的知识传播出去，让更多的人了解藏医，让更多的病人受益。在执教过程中，他有了与国外同行交流的机会，也因此认识了他后来的导师珍妮·加措。

珍妮·加措是犹太裔美国人，对藏医药有着非常深入的研究。2001年，珍妮成为哈佛大学的教授，准备邀请央嘎来哈佛大学读博士。"最初我并没有答应，因为那个时候我已经结了婚，也在藏医学院任教，感觉自己没有充沛的精力去读博士，所以就拒绝了她的邀请。"央嘎说道。

拒绝珍妮的邀请，央嘎虽然感觉遗憾，但也没什么想不开。但是后来珍妮又与他联系，问他想不想做访问学者，访问学者既能学习知识，又能与国外同行深入交流。央嘎觉得这样很不错，再三考虑之下，便答应了珍妮的邀请。

2003年，央嘎赴美。一段时间过后，与中国迥异的学术文化氛围让他的求知欲越发旺盛。"我发现我确实应该读博士。"央嘎用一句话形容了他当时的心理状态。于是，他开始考托福和GRE，成功成为哈佛大学人文学和医学人类学的博士生。

在美国的留学经历，是央嘎这辈子最难忘的经历。美国的学习方式与中国有着极大的不同，因为博士生与访问学者的双重身份，央嘎的时间被排得满满的。他不仅要在两年内学完16门课程，同时还要每周在哈佛大学神学院教授藏医药历史。

第二年，他的妻子与孩子也来到美国，央嘎的时间更显得紧迫。"本以为两年就可以完成学业，后来发现根本完不成，没办法又跟藏医学院申请了两年的假期。"央嘎说道，当时他根本没有预料到两年的时间不够用，幸好当时的藏医学院领导非常支持他留学，又给了他两年的假期。

第三年，他开始当助教，赚钱以维持学业。第七年，他发现还不能毕业，可这时他的留学经费已经告罄，珍妮告诉他，哈佛大学不会再给他扶持了。正当他无所适从的时候，一份密歇根大学的邀请函来到了他的面前。就这样，他成为密歇根大学的讲师，得以继续完成学业。

七年时光，央嘎的美国留学生涯几乎没什么时间去玩乐，每天的生活不是在教书就是在学习，紧密的时间安排让他都无法怀念家乡的雪山、草原。当他终于毕业的时候，他的妻子说："我们回家吧！回拉萨！"

央嘎答应了妻子的请求，回到了拉萨，回到了藏医学院。学成归来，学业圆满，央嘎前半辈子的人生划出了一道亮丽的彩虹。如今，他依然在藏医学院教书，丰富的经历与深厚的学术造诣让他的课程总是充满乐趣，学生们也喜欢上他的课。

他说，家乡生养了他，他就要回报家乡。

本文作者：慕云歌

原载《西藏商报》(2014 年 8 月 22 日)

西藏第一位空姐德庆央宗：
我愿做西藏的一张名片

　　在西藏，认识德庆央宗的人似乎不多，但在其他省份，她一直被人称为国内第一位藏族空姐。1994 年，德庆央宗就成为中国国际航空公司（以下简称国航）的一员，比 2000 年西藏第一批藏族空姐整整早了 6 年。国航漂亮优秀的乘务员不少，但德庆央宗却得到了社会各界更多的眷顾，她曾上过《人民画报》《民族》《民族团结》《中国妇女》等杂志的封面……

　　德庆央宗 1976 年出生于拉萨。1984 年，因父母工作调动，德庆央宗随父母搬到了北京，每年她都要随父母回拉萨探亲，先是从北京坐火车到成都，再从成都坐飞机到拉萨。飞机坐得多了，看到空姐漂亮的服装和甜美的笑容，很是神气，小小的德庆央宗萌生了当空姐的想法。

高中毕业那年，德庆央宗终于实现了自己的愿望，成为中国国际航空公司的第一位藏族乘务员。那是 1994 年，国航面向社会招收乘务员，德庆央宗想去碰碰运气。尽管是千里挑一，但是德庆央宗独特的少数民族身份，加上她高挑的身材、清纯美丽的外表，一下子就引起了考官的注意。德庆央宗凭借超常的个人素质，在各个环节的测试中脱颖而出，实现了当一名空姐的梦想。

德庆央宗成了西藏第一位空姐，也是国内第一位藏族空姐。

她的"爱情故事"

2006 年底，由西藏电视台导演卓嘎执导的电视电影《回到拉萨》在拉萨开拍，德庆央宗在影片中演绎了一段生死爱情，这是德庆央宗第一次演戏，但却是本色演出，因为她在剧中饰演的人物也是一名空姐。

谈到演戏，德庆央宗兴奋中带着苦恼："我很感谢卓嘎导演敢冒那么大的风险起用我这个非专业演员，但我的压力很大，怕辜负了这一切。俗话说隔行如隔山，表演对我来说真的太陌生了，很多专业术语听不懂，演戏时不会走位，以至于摄像老师老是说：'德央你走到哪儿去了，我的镜头里根本没有你。'戏中的对白练了多少遍,但面对镜头时什么都忘了。别说人物说话时的语气语调,连发音都不到位……

"和男主角演对手戏我没有压力,反正我是业余演员。但演戏很辛苦,我的辛苦是来自表演的压力,若让我上机为乘客服务,那一系列的动作我可以面带笑容地一气呵成,而一面对镜头,我路也不会走了,笑容也僵了,手都不知道该往哪儿放,都说艺术来源于生活,是生活的升华,但我却怎么也升华不了。要说辛苦,在阿里近一个月的拍摄最辛苦,我很敬佩卓嘎导演的敬业和执着。"

美丽空姐光环背后的艰辛

德庆央宗会藏语、汉语、英语,也掌握一些简单的日语和韩语,因飞国际航线,她们还要经常为出访的中国国家领导人服务。"但不管是国家领导人还是普通乘客,我们都是同样对待,按高标准为乘客服务。"德庆央宗认真地说。

从事服务工作,难免会有个别小失误,比如送饭会落下一位乘客,乘客要杯水却因又为别的乘客服务而忘了。这些,乘客们都很体谅,在我们发现后道歉补救时,没有人有怨言,所以我从没接到过投诉。

在众人的眼里,空中小姐是个令人羡慕的职业,尤其是年轻女孩子们向往的职业。殊不知,这里面包含着外人所不知的辛苦和委屈。

飞行期间,不论多饿多累,工作没有做完,乘务员们就不能休息,哪怕肚子饿得咕咕叫,自己也不能吃一口东西,还要将食物送到每一位乘客的手中。德庆央宗说:"那时候,我真希望能吃一口饭,但等轮到我们吃饭的时候,由于饿过度了,看着美味的飞行配餐,一点食欲都没有了。"每次回来,妈妈总是要煮一大壶酥油茶给德庆央宗喝,做点糌粑给她吃。在德庆央宗的眼里,酥油茶和糌粑是世界上最好吃的东西,因为这食物里有她美丽的乡情。

智慧幸运的化身,愿做西藏的名片

德庆央宗在藏语里是智慧、幸运的意思,德庆央宗也毫不避讳她很幸运:"我很幸运,一路走来挺顺的。我的幸运还在于我的工作、生活都一帆风顺,到哪里都没遇到过挫折,包括我当空姐、《回到拉萨》剧组选我演女主角,我真的很幸运。"

"我所有的荣誉都是沾了藏族的光,大家在介绍我时总是说,这是我们中国的第一位藏族空姐。这个身份我已用了不少年了,别人听了不烦,我都觉得厌倦了,我觉得我该做些事,换一下称呼。其实我一直都很清醒,并不是我有多么优秀,能得到的这一切都因为一点——我是一位藏族姑娘。所以,我取得的荣誉应该属于整个藏族,是大家的骄傲。确实,我也很高兴充当藏族名片的角色,让世人通过我了解如今的西藏。"

本文作者:刘峥

原载《西藏商报》(2008 年 12 月 3 日)

洛桑晋美:
在行业发展中成长的藏族律师

从 1984 年第一家律师事务所成立至今,西藏律师业经历了一个渐进的发展历程。洛桑晋美就是其中一位富有代表性的人物。

与法律结下不解之缘

洛桑晋美出生在昌都地区洛隆县马利乡的一个小村庄,这里自然资源丰富,人民勤劳纯朴。

1976 年的一个秋日, 洛桑晋美突然接到县公安局通知,去北京中央政法干部学校学习,这对洛桑晋美来说真是一件天大的喜事。1981 年他顺利完成学业,被分配到自治区高级人民法院。1982 年初,自治区恢复司法行政工作,刑事辩护制度也随着恢复。组织上把他安排到自治区司法厅,这样,洛桑晋美有幸成了自治区实行《刑事诉讼法》以来第一位真正意义上的藏族辩护人。1986年西藏自治区第一次律师资格考试，洛桑晋美又成为通过考试取得资格的第一位律师。就这样，洛桑晋美与法律结下了不解之缘。

见证法制建设巨大变化

作为从基层成长起来的"草根律师"，洛桑晋美从律师的角度，向记者介绍了他感受到的西藏自治区法制建设的巨大进步。

洛桑晋美说，根据《中华人民共和国律师法》第二条的规定，律师是依法取得职业证书，为社会提供法律服务的执业人员。胡锦涛同志在论述律师队伍建设的重要性时曾指出："加强律师队伍建设是维护司法公正、促进依法治国的重要举措，是坚持执法为民、防止司法腐败的必要保证。"

从上述《律师法》对律师的定位到国家最高领导人对律师寄予的重要期望，律师虽然是为社会提供法律服务的执业人员，但他肩负着维护司法公正、促进依法治国、坚持执法为民的社会责任和历史责任。民主改革以来，特别是改革开放三十多年来，西藏的民主法制建设有了质的飞跃，律师队伍从无到有，从小到大，现在仅拉萨市就有11家律师事务所。

维护委托人的合法权益

前不久，洛桑晋美办理了这样一个案件。2006年12月，家住拉萨市娘热乡的卓玛与拉萨市某医院的宗吉签订了合同，合同约定卓玛将房屋卖给宗吉。双方在涉及土地产权买卖和转让时发生纠纷，卓玛找到了洛桑晋美。洛桑晋美接到案件后，详细了解情况，精心准备。在经过法院一审判决后，卓玛败诉。洛桑晋美不甘心打输了这场官司，他多方收集新的证据，详细地向委托人询问事件的情况，不漏过任何一个细节，并多次实地了解情况，提起上诉，经法院二次审理，卓玛胜诉，维护了卓玛的合法权益。

洛桑晋美就是这样一位思维敏锐、持之以恒的人，每次在为委托人维护合法权益的努力中释放着自己的智慧和激情。他每办一个案件，都精心准备、一丝不苟，实实在在维护委托人的利益。人们都说，洛桑晋美是一个见证西藏自治区律师业发展的律师，是受广大农牧民工欢迎的"草根大律师"。

本文作者：刘倩茹

原载《西藏日报》（2009年11月11日）

陈琴：在6500米高山书写西藏

　　登上过6500米的珠峰冰川，进入过被称作"生命禁区"的阿里无人区，冒着落石危险徒步进入因地震而成为孤岛的樟木……陈琴说，记者就是要第一时间赶赴现场，及时向公众传递信息。

陈琴在西藏藏北无人区采访

"无论是身处海拔6500米的高山,还是寂寞荒凉的无人区,甚至是直面生死考验与亲情离别,对我而言,完成报道任务往往是第一位的。"央视驻藏记者陈琴这样描述自己所从事的工作。在她看来,在西藏的工作有艰辛、有痛苦,但更多的还是快乐。

5年时间,陈琴走遍了西藏60多个县,世界屋脊的屋脊、那曲无人区、墨脱秘境、藏文化发源地、昌都茶马古道……都留下了她的足迹。"西藏这块丰富多彩、地域层次分明、色彩丰富的土地,只有走近它才看得到自然的风光和人生经历的风景,在这里生活是一种心情,它让你以平等的目光和胸怀平视一切事物,它让你面对一切交流时感受到人文关怀、平等和关爱。"

"在西藏海拔最高的双湖县(平均海拔近5000米,不生长树木),无数人都试过种树,但无一例成活。双湖县书记南培去年从拉萨运回一棵桃树栽在自家的阳光棚里,今年6月再去他家时,那棵桃树已干枯了,这就是双湖真实的自然条件和状况。"深入农牧区采访时,陈琴就住在农牧民的帐篷里,和他们同吃同住。她说,这样能很直接地感受到他们的生活和对未来的期望。而农牧民的朴实和对生活的真诚态度,也常常使生活在大都市的陈琴羡慕不已。

6500 米的考验定格生死情谊

在西藏工作需要克服太多普通人想象不到的困难，每一个进入高海拔地区的人，身体都会产生不同程度的反应，对很多人而言，头痛已是一种自然常态的表现。虽然没有那么直接的生死较量，却是对生命意志的极大考验。职业的需要使陈琴更加客观地认识了这片土地，一次在珠峰的采访经历令她至今记忆犹新。

2013 年珠峰冰川科考队在海拔 6500 米钻取 147 米冰芯，进行第三极气候环境研究。"这个过程十分艰辛。我和采

陈琴下乡途中

访团队从大本营徒步到海拔 5500 米时，已发生轻微脑水肿，视线与听觉都已开始模糊，为使自己保持清醒，我把手机音乐开到最大声。"这是陈琴在珠峰遇到的第一次考验。"当时天空突然飘起鹅毛大雪，我静坐下来思考是继续往上爬还是下撤，下撤很容易，可科考队员和物资都已向海拔 6500 米挺进，如果我们下撤，钻取冰芯的过程将无法记录和报道。后来队员找来 3 头牦牛把我拉上去，在海拔 5800 米的地方适应了 4 天。"

第二次考验，则来自陈琴强烈的身体不适。"各种高原反应，还闹肚子。没有药品，最后只能把大蒜烤煳了吃。很幸运，有科考队员从 6500 米下撤到营地，身上有一板诺氟沙星胶囊。"

第三次考验是做《珠峰冰川取芯记》的节目，在海拔 6530 米的东绒布冰川，陈琴和采访团队一起度过了难忘的 19 个小时。"上去的时候特别艰辛，两个高山向导背着我、扶着我，很费劲地走到那无比遥远的帐篷。"因为帐篷是搭在冰川上面的，风特别大，连上厕所都无法进行，陈琴只能足足憋了 19 个小时，等到第二天早晨躲在冰塔林里上厕所时，手都已经冻僵了。"解不开裤子，只得叫同事帮忙。"陈琴感慨地说。

在地处海拔 6500 米的绿色帐篷里，外面风雪交加，身体极难受，陈琴不由得吸了一罐氧气，队员们说这氧气牦牛驮上来实属不易，6000 元一瓶，早知道她哪敢吸这氧气啊，可见所有队员为使更需要的队员能吸上氧气，大家都强忍着身体的不适，在这高海拔的艰苦环境里，每个队员都真诚替对方着想，尊重彼此的生命。

"坐在帐篷里，队员们浑身都是雪，干裂着嘴唇，还在跟我们讲顺利钻取冰芯带来的喜悦，这是永远难忘的镜头。"后来，陈琴写了一篇文章《来自 6500 米的考验》。"这个考验是非常非常具体的，每天早上起来穿鞋子需要半个小时，弯腰吸氧，系鞋带，弯腰吸氧，再走到做食物的帐篷里，等吃饭，一顿只能吃半碗稀饭，在西藏高海拔工作就是这样一个工作状态，太不容易。"有了这次经历，陈琴更加理解西藏登山队员帮助他人力争登上高峰，不计个人得失的忘我精神。"他们已把我们看成生死兄弟。"

用我们的镜头记录西藏

身为记者，无论事件发生在哪里，奔赴现场还原真相是职责所在。2015 年 4 月 25 日，尼泊尔发生 8.1 级地震，为及时向全国报道地震灾区受灾情况，陈琴和她的同事在第一

跟着最美乡村医生上雪山

时间奔赴聂拉木灾区。4月27日徒步进入孤岛樟木，在行进过程中，山体滑坡，碎石不断滚落，阴雨绵绵，道路泥泞难走。"滑坡带是一些小碎石垒砌起来的，不牢，不小心就有滑下去的危险。我们跟着年轻消防战士，他们步子迈得很大，一不留神我的脚卡在石缝里，无法前进或后退，此时，山坡上不断有碎石滑落，慢慢地只见大的石块也随着碎石向下滚来，同事益西紧张得不行，当时殿后的消防支队长冲上来拎着我就走了。"陈琴说，这样的事情不止一次，每次发生危险都有人民子弟兵及时护救。"灾后的尼泊尔余震不断，在一次抢险拍摄中，恰好飞过来一架尼泊尔的直升机，引起山石的震动,满山石块飞落,一块巨石从我身后大约半米飞过落地,又是一名救援部队的负责人拽着我跑。这次我真的被吓着了,如果不是他我就会被石头击中,后来我跟他说'你是我的救命恩人'。"

2014 年 7 月,陈琴和采访团队去阿里无人区做藏羚羊科考,从电视媒体的角度深入报道阿里藏羚羊的生存现状。去往阿里的途中,车队中的一辆车迷路了,另一辆车去找,其他车辆必须继续向前赶路。在一片茫茫雪海的草原上,几个人吃力地在雪地里花了近两小时搭建两顶帐篷。陈琴感叹,在这片土地上和大家打成一片,喝酥油茶、吃糌粑、吃生肉,这样的生活不觉得苦。"西藏磨炼丰富了我的人生,是这片沃土实现了我人生的精彩。"这次采访对陈琴来说格外有意义,"我们了解到,现在野生脊椎动物数量已经超过 800种,事实证明因为有这样一群人为西藏生态呕心沥血,一直努力着,加上国家对西藏生态保护的投入,脆弱的西藏生态才有良好的保护。现在西藏藏羚羊已经超过 20 万只了。"

这些年,陈琴和她的同事一直在用镜头记录着西藏变迁。"西藏真的实现了跨越式的发展,2006 年实施的农牧民安居工程,现在农牧民已逐步实现定居。西藏各乡镇都有卫生院、学校,特别是农牧区,而且西藏越来越重视学前启蒙教育,开设了学前班。我觉得这是最深层次的变化。"陈琴说,"从民族传统手工到非遗的保护,传统文化与现代文化的相互交织,冲撞和融合……这些变迁我们都——记录下来了。希望我们的新闻不仅客观真实,还具有一定的资料价值和历史研究价值。"

本文作者:王淑、马静

原载中国西藏网(2015年7月27日)

西藏第一位参加南极科考的
队员边巴次仁

——极夜让人情绪失控

南极给边巴次仁最深的印象是暴风雪和极夜，暴风雪可以把很大的煤气罐卷走，钢板门也能被吹坏，人根本不可能在风雪中行走。极夜让人变得烦躁、易怒、不安。一年多的南极生活让边巴次仁变得沉默、内向，甚至有点孤僻，边巴次仁说："刚回来时，别人都说我变了，我也有所感觉，因为和同事一起出去喝酒时，我觉得他们很闹、很烦。不过，随着时间的推移，我又回到了朋友之中。现在回头想想，我不后悔去了南极——非常环境中的锻炼让我受益终生。"

去南极，我是西藏第一人

1999 年，中国气象科学研究院要在西藏选拔一名到南极参加科考的队员，当年 27 岁的我和几名应征者一起参加了各种审查和测试,并进行了严格的体检,最终我成了幸运儿。在北京又进行了一次严格体检后,我与来自全国的40名候选队员一起被送到黑龙江省的亚布力雪山进行适应性训练。

每次训练完毕,我们所有人都会进行身体和心理测试,那些医务人员都面无表情,根本看不出任何结果。近半个月的训练结束了,一同参加训练的40人,只有14人合格,其余人员全部被淘汰了。如果那次我被淘汰,那么西藏第一位登上南极参加科考的人将会再推后几年出现。

晕到南极,一切都那么新奇

我们到南极乘船要走一个月,可我却是晕着去晕着回来的。1999年11月1日,我们乘坐"雪龙号"从上海出发,在新加坡停靠两天,进行休整和补给,然后在澳大利亚又停靠一次,最后直达南极。

我没想到坐船会那么难受,我一直晕船,而且属于晕得比较厉害的那种,吃不下东西,还老在吐,实在受不了,真有一种想冲出去的感觉。还好,过赤道时比较平静,我恢复了一些,然后到达冰川区域船就不再摇了,不然,我都怀疑我是否能活着到达南极。

我们的目的地是中山站。刚到南极时,我看到了企鹅、雪豹和一些在电视上看到的自然景观,一切都那么新奇,旅途中的艰辛被抛到了脑后,很快便投入工作中。

"雪龙号"走了,有一种孤独的感觉

到南极两个月后,南极的夏季过完了,随"雪龙号"一起来的船员、记者和其他工作人员都要随"雪龙号"回国了。在他们离开前的几天,科考队员都有些情绪低落。

最后离别的时刻到了,我们哭着和"雪龙号"道别。按规定,"雪龙号"要围绕岛屿鸣笛转三圈,我们就随着"雪龙号"转着圈挥手,直至"雪龙号"消失在天际。昔日热闹的中山站变得冷清了,初来时的新奇感也没有了,和同事们该说的话也说完了,如此大的反差让我觉得自己很孤独。

南极极夜,让人情绪失控

我的工作任务是每天从驻地到200米外的观测站往返8次观测气象数据,但当暴风雪来临时,这200米距离却成了我无法逾越的障碍,有时会被困在观测点好几天都无法回驻地。

其实驻地到观测站之间200米距离,只要天气好,都有

铲雪车在清理,但暴风雪一来,什么都没有用,能见度很低,风雪又大,除了电力供应,任何工作都得停止。这里的天气变幻莫测,又非常寒冷,所以电力保障尤为重要。我知道我们那批队员中有一位负责发电的人,为保障科考站的供电,每天都在绷着神经,都快崩溃了,还好他顺利完成了任务。

南极的极昼还好,晚上睡觉时我们用黑布帘挡上窗户就行了,但极夜却让人无法忍受。长达两个多月在黑夜里生活,说不出是什么滋味,总之我们大家情绪都发生了变化,大都显出烦躁、易怒和不安。我知道,这都是那无期的黑夜惹的祸。

科考站,那里没有国界

其实南极也有比较温馨的一面,除了同事间亲人般的相处(偶尔情绪不对造成的小摩擦除外),各国间的科考人员相处得也很好。我们的中山站和俄罗斯站相距较近,天气好时,我们可以相互串串门,大家都很友好,我们过中国的传统节日时会邀请他们一起来庆祝,他们过节也会邀请我们。

在南极,暴风雪是主宰

我每天 8 次的观测任务,反倒没让我特别难受,在南极,怕的就是没事做。当时我们的中山站里没有电视机,也没有互联网,打个电话也要看天气。本来按规定,我们每周可以和家人通话一次,但由于暴风雪,我们有时候二十多天也打不了一次电话,收音机可以听,但也要看天气,连我们平时的工作安排也要看天气,因为暴风雪是这里的主宰。

与世"隔绝"了一年,2001 年 1 月,我们接到"雪龙号"启程的消息,大家兴奋地挂起了倒计时牌,以为 1 月底就可以开始回国了,但后来接到通知,因为有暴风雪,"雪龙号"2 月中旬才能到达。其实这个时候让我们等一星期比等一年似乎还久,我们天天在盼啊盼,真有点望眼欲穿的感觉。最后,"雪龙号"在 3 月初才到达,这也都是暴风雪惹的祸。

上岸后很难适应现代生活

经过一个月的海上航行,我又晕着回来了。刚到岸上,我一直觉得大地在摇晃,走起来极不平衡,但很快就适应了。真正不能适应的是我的生活,同事们说我变了,当初爱

146

说爱笑的我,变得沉默了,不爱说话,和朋友在一起喝酒,觉得他们话很多,很吵闹,我还没能摆脱在南极的生活方式。不过现在我早就没问题了,从南极回来后,很快就找回了我自己。

本文作者:刘峥

原载《西藏商报》(2008 年 12 月 2 日)

格桑文化

阿来：
以藏族题材为主是我的命运

阿来曾骄傲地称自己是一个用汉语写作的藏族作家。从《尘埃落定》《空山》到《格萨尔王》，流淌在他血液里的性格和情感，融入作品中，都被赋予了青藏高原的寓意色彩。阿来此次西藏之行，箱子里最重的还是各类和西藏有关的书，来过西藏多次的阿来，一路上，话语很少，更多的时

阿来(牧原 摄)

候，是在观察或者只是欣赏。他说："将来，我的写作还是会

151

以藏族题材为主,这是我的命运。"

不为影响而写作,文化建树更重要

阿来在 2009 年推出重述藏族史诗《格萨尔王传》的小说《格萨尔王》,用现代语言重述全世界最为浩大的活史诗。这部作品对传播西藏文化产生了不小的影响。

不过,阿来认为,那只是客观上的说法,他不是为了影响而写作。"好像我们做的所有事情都是为了扩大西藏的影响,或者青藏高原的影响。当然可能我们做了很多事情,客观上会有很多的效果,但不是每一件事情你都能看得到效果。现在我们做文化,有个缺点,什么事情都希望今天做了明天就能产生效果。文化建设有个长期的过程,有一部分可能马上有效果,有一部分则需要日积月累,我们需要做一些暂时不会有影响的工作。"

他用了 3 年时间,在四川德格、石渠、色达等康北 8 县进行了大量的田野访谈,研究了很多关于格萨尔王的著作和资料,并和降边嘉措等学者一起进行考察研究,最终写就《格萨尔王》。这部小说带有强烈的寓言色彩,宏大叙事和细致的心理刻画水乳交融,既富有鲜明的民族性格,也体现了时代精神和历史价值,有评论家誉之为"难得一见的传世之作"。无论阿来在不在乎，事实证明《格萨尔王》是成功的。

"我参加重述神话的初衷，是想寻找有没有一个更简便的方式，用现代语言来讲这个故事，不仅仅是我一个人在讲，全世界有七八十个作家都在进行格萨尔的研究，而且其中有好几位曾得过诺贝尔文学奖。很多在民间流传的神话正慢慢死去，渐渐远离我们的生活，因为它跟今天人们的生活方式不太适应，过去，神话靠口头传说和吟唱流传下来，如我们所知道的希腊《荷马史诗》，便是传唱历史故事的经典。格萨尔也一样，在藏族聚居区尤其是康巴地区，它还在流传，但是它的影响在缩小，原因就是今天人们的生活方式有了很大的变化，这也是重述神话的意义所在。"

西藏应少些神化，多写些真实生活

阿来希望借小说《格萨尔王》带领我们走入藏族的历史，也走入藏族人的内心，按阿来的话说，愿它是"一本让你读懂西藏人眼神的小说"。

"眼睛通往人的内心，而读懂西藏人的眼神，我觉得，这依旧是自己努力的方向。"阿来认为，当大众目光都停留在过分关注臆想中西藏的神化光环时，往往会忽略掉更真切和普通的生活状态。

　　"对我来说,西藏就是西藏。我只会写我看到的西藏,和青藏高原上藏族人民真实普通的生活。还是回到最初那个话题,今天有一种倾向,就是什么都希望有影响,尤其是旅游文化发展起来后。为了吸引旅游,包括我们自己写的很多旅游书籍和藏族文化的书,都在不经意中将西藏神化了。正因为如此,我们更要去做一些'还原'的工作。上个月我去新疆维吾尔自治区办讲座时也谈到这个问题,我们边疆地带或者少数民族地带,在从事文学创作过程中,如何去写熟悉的东西,而不是去制造噱头。所以,我觉得文化是要传播,但是为了有影响,去满足别人不真实的想象,而忽略我们自身文化的最真实的把握,这样的传播是毫无意义的。"

西藏缺乏自我表达,新颖题材等待挖掘

　　在阿来看来,西藏是个缺乏自我表达的地方。"西藏的自然、西藏普通人的生活,在20世纪50年代前,都没有被好好地表达过。发展到当今,西藏依然还有着很多新颖的题材等待被挖掘。这要求我们更多地去观察、思考和学习。西藏在20世纪80年代初期,不管是藏族作家还是生活在西藏的汉族作家,如扎西达娃、马丽华等,都做得很好,但是怎么将这种势头继续下去,将来需要我们共同努力。"

以藏族题材为主,称这是命运安排

关于下一步的写作打算,是阿来极少去想的话题,他不愿先想好提纲,然后去找素材,认为那是新闻记者的做法。"作家的东西,应该是来自内心深处自然而然的东西,佛教中说,莲花涌现,就是这个意味。"

当一部作品结束,阿来会暂时休息,不是闲坐下来,而是背着行囊到处走走,至于目的地,并不重要。此次西藏之行,阿来的箱子里塞满了各类描写西藏的书籍,有些是淘来的珍贵史料。在拉萨的日子,他也没闲着,依然在搜集资料,一路走一路了解。他说:"至于写不写,是因为自然而然接触多了,就会在这当中产生写作想法。"

拍摄植物成了阿来新的兴趣爱好,在西藏的一路上,他的相机在高山峡谷和苍茫牧场间,都没有放弃对自然的拍摄,不要误以为他在寻找灵感,实际上,阿来在认识和学习大自然。这就是阿来的生活方式:目的性不要太强。

他笑言:"很多人问我将来会不会仍然以藏族题材为主,我想是的,这是我的命运。"

本文作者:牧原

原载中国西藏网(2010 年 10 月 12 日)

土登:曲艺百花园的永远守望者

80年悠悠岁月,70载艺术人生。

提起土登,在西藏可以说是家喻户晓。从艺69年来,他创作演出了近500个深受群众喜爱的文艺节目,包括舞蹈、相声、藏戏等。他的足迹遍布西藏的山山水水,以及国内几十座大中城市,并先后到英国、意大利、瑞士、美国、澳大利亚、新西兰等多个国家进行出访演出。

土登历任拉萨市民族艺术团党支部书记、团长,自治区和拉萨市政协委员,拉萨市文联副主席,西藏文联委员,中国曲艺家协会副主席,西藏曲协主席。土登还被评为国家一级演员,现为中国曲艺家协会顾问、拉萨市民族艺术团名誉团长。

耄耋之年当享天伦,但追求艺术的炽热之情,催使他仍活跃在西藏的曲艺舞台,将欢声笑语带给广大观众。

著名藏族曲艺表演艺术家土登从艺60年演出现场(李洲 摄)

　　舞台上,他是成功的艺术家。聚光灯下,他是观众喜爱的笑星。生活里,他又是或骑着自行车或走路出现在拉萨街头巷尾的普通老者。

　　他就是获得中国曲艺界最高奖——第四届中国曲艺牡丹奖终身成就奖的藏族曲艺大师土登。

　　多年来, 土登在西藏文艺舞台上创出多个前所未有的先例:将藏族传统说唱艺术《格萨尔王传》搬上舞台;在英国伦敦白金汉宫表演个人说唱专场55分钟;将藏传佛教音乐《吉祥九重天》搬上舞台和银幕,国内外发行200多个拷贝,引起轰动;编排西藏第一部大型民族服饰歌舞晚会"雪域艺海随想"。他的表演,引起艺术界及社会各阶层观众的强烈反响……

从 12 岁开始,直到 80 岁高龄,他将自己近 70 年的心血都洒在了西藏民族艺术发展、繁荣的道路上,并且一路飘香。

著名藏族曲艺表演艺术家土登正在家里翻看中国曲艺牡丹奖终身成就奖的证书(李洲 摄)

昔日的无奈选择却播下日后艺术的种子

在西藏,土登可以说是家喻户晓,他的声音为藏族同胞带来了数不清的欢笑。然而这样一位表演艺术家,却有着不同寻常的身世。

1934 年 10 月的一天，在圣地拉萨，一个哭声响亮的男婴来到了人世，他就是土登。新生命的降临给家里带来了短暂的欢乐，忧愁也随之而来。按照旧西藏的制度，这名男婴的命运在降生之前就被决定了，出身卑微的他只要一出生就会和自己的父母一样，成为达官贵人的属民。熬到土登 6 岁那年，父母终于想出了一个办法。"我 6 岁的时候被送到寺院里面，是为了不被别人发现家里有个儿子。送到寺院后，如果有人来问家里有没有儿子，有没有小孩，父母就会说没有小孩或者死了。"土登说。

从此，土登就被送到了功德林寺。寺院的达察活佛是一位开明的活佛，他每年都会邀请民间优秀的艺人给僧众表演喇嘛玛尼、民族英雄史诗《格萨尔王传》、藏戏片段等，这些西藏民间艺术在小土登的心里渐渐生根发芽。12 岁那年，土登被选入活佛组建的藏戏队，他开始正式学习藏戏表演艺术。土登说："我学习得还不错，比如我们的剧目，一个是《卓瓦桑姆》，一个是《苏吉尼玛》，这两个剧目里面主要的角色都让我来扮演。"

从一位僧人到真正踏上艺术的"星光大道"

西藏和平解放,打破了旧西藏的封闭,也为土登重新开启了艺术的大门。

离开功德林寺后,土登加入了西藏爱国青年联谊会,不久转入西藏干校学习,之后又参加了西藏团工委青联宣传队。1956年9月,西藏召开了庆祝西藏自治区筹委会成立大会,土登参加了大会上的演出。土登说:"我跳的是一个工布的角色,因为以前没有学过工布的舞蹈,所以是第一次学,学得很认真。"

随着音乐响起,演员出场。此时的土登全然忘记了观众,忘记了舞台,他似乎着了魔,舞动得比平时更加灵活,台下如潮的掌声让他陶醉,他像一只刚刚学会飞翔的小鸟,陶醉在无际的天空。

土登的表演大获成功,这让他一夜成名。走到大街上,都会有人突然跑过来亲昵地叫他"阿达啦"(对工布男人的称谓)。随后,土登被邀请参加拉萨市青妇联歌舞队,并又开始参与筹建拉萨市业余歌舞队的工作。

就在这时候,另一个让土登崭露头角的机会再次不期而至。

1960 年的藏历新年对拉萨的百姓来说有些特别，以往只有在家门口才能听到的新年祝福——"折嘎"，却从拉萨市新组建的广播站里传了出来。这段"折嘎"的唱词富有新时代气息，唱腔地道纯正，一下子就吸引了大家。

它的表演者正是土登。

"折嘎"历史久远，是藏民族传统的说唱艺术之一，被业内人士称为藏族民间说唱艺术的"活化石"。传说藏王松赞干布在修建布达拉宫时，魔鬼设障，让运送石料的队伍无法通过，松赞干布闻讯前来视察，见有一位工人正在表演稀奇古怪的词曲，让魔鬼着了迷，运石队伍顺利地将石料送到了工地。于是，松赞干布便将这一表演形式称之为"折嘎"，即驱魔驱鬼。

"有的人说，'折嘎'是要饭的人说的，我的思想里没有这些顾虑。"土登说道。经历了苦难的土登摒弃了传统观念对"折嘎"艺人的看法，他的说唱饱含着对藏族同胞的新年祝福和对美好新生活的向往。

土登回忆道："那天早晨一说，受到拉萨广大市民的欢迎。内容上既有传统的又有新的东西。"从此，每逢藏历新年初一，土登表演恭贺吉祥的"折嘎"，便成为 20 世纪 60 年代西藏广播电台深受广大听众好评的保留节目。

他让相声这一传统汉语艺术形式在雪域高原落地开花

1960 年 12 月,拉萨市歌舞团成立,土登成为歌舞团的正式成员。为了创作出让观众认可的好节目,每到一地他就走访当地群众中有影响的民间艺人,学习他们的艺术形式和表演技巧。

当时,洛桑多吉和他的搭档洛旦表演的一个新节目,在拉萨引起轰动,这个节目的形式和西藏传统的"卡夏"(即兴笑话表演)有点相似,但又有所不同,令人耳目一新,大家把它叫作相声。

内容幽默诙谐,表演夸张风趣,把观众逗得前仰后合。作为一名演员,最想得到的就是观众的肯定,土登看到后立刻萌生了学习的念头。他诚恳地找到洛桑多吉 "拜师",自此,也开始踏上了相声表演的道路。

"藏语相声不仅要学习和保留汉语相声的一些艺术处理方法,还要把其中的'包袱'按照藏族当地的风俗习惯,用藏语准确地表达出来,让藏族观众接受,这对写作者和表演者都是巨大的考验。"土登说。

凭借扎实的说唱功底,结合平时的生活积累,加上反复的推敲,土登的第一次演出就受到了观众的极大欢迎。"第一次表演以后，很多老妈妈上台来握手。"土登说。那次演出的成功极大地激发了他的创作热情，也使他看到了藏语相声这个以前在西藏从未有过的艺术形式的广阔发展前景。

"舞台上的灯光、布景，什么都不需要，直接穿一件藏式服装就可以了，所以说相声很适合我们西藏的实际。而且在农村、牧区也很受欢迎，不仅仅是老年人、年轻人喜欢，连小孩都很喜欢。这个艺术形式应该发扬下去。"抱着这样的想法，土登和自己的搭档又接连推出了一大批群众喜闻乐见的优秀相声作品，如《治穷致富》《歌舞的海洋》和《文物的召唤》等等。

"他所演的藏语相声，在老百姓的心中我觉得就像是酵母一样，一片进去马上发酵。只要他一上场，所有的人脸上都洋溢着快乐。"中国曲艺家协会副主席姜昆曾这样描述土登的演出。

藏语相声不仅在西藏大获成功，土登还把它带出了国门。他们在华盛顿、纽约进行相声表演，场场爆满，在当地引起了强烈反响。

演出中，土登视观众如亲人，把老百姓的欢乐当成天大的事儿。他常说，自己是喝酥油茶、揉糌粑长大的，永远是农牧民的儿子，他们的欢乐就是自己的欢乐。土登尊重观众，从来没有因为人数的多少，或场地的简陋而改变过，从最少的五六个观众到上万名观众，他都会一视同仁，认真演出。

1984 年，拉萨市歌舞团巡回演出队伍结束了在阿里的演出，往回走时，与 3 位牧羊人和 4 位商人相遇。当得知他们还没有看过专业文艺队的表演时，土登立刻提议为他们现场演出。于是，在阿里空旷的原野上，伴随着阵阵寒风，30 余名演员身着演出服，化上最美的妆，全身心地投入演出。刚开始，7 名观众还专注地欣赏歌舞，很快，他们就不敢直视演员，泪水顺着他们的脸颊开始滚动……演出结束装车时，这几名观众争着搬运东西，好像唯有如此，才能表达他们那无以言表的感激。当车子远去，他们依然站在风中挥动着双手，在人烟稀少的草原，如同一帧挥之不去的剪影。

他将藏族传统说唱艺术《格萨尔王传》搬上国际大舞台

在说唱史上最长的史诗中，几乎每个故事的开头都有一个"话说"，土登的故事也不例外。

话说第一次听到格萨尔王的故事时，土登还是个 13 岁的小喇嘛。在布达拉宫附近的一座佛堂内，他看见身穿华丽袍服的艺人，盘腿坐在绘有格萨尔形象的唐卡前，戴一顶插满羽毛的八角帽，挂一条各色石头串成的项链，缓缓开始说唱："啊啦塔啦塔啦热……"

当年的这个少年没有想到，多年后自己也会这样缓缓开始说唱这部史诗，只是地点大不相同：从青藏高原，直到北京的国际展览馆，甚至遥远的英国王宫。

一想到这里，80 岁的土登笑了，露出洁白整齐的牙齿。他用一口生硬的普通话说："把《格萨尔王传》说唱艺术搬上舞台，我是第一个。"

此前，这部流传近千年的史诗，大多在街头巷尾或村寨牧场传唱。为了把这部伟大的史诗从牧场田间搬上舞台，土登耗费心血做了大量细致而烦琐的准备工作。仅仅一段开篇唱腔，他便走访了 5 位老师，从录制的诵经念咒中选用两个乐句，再伴以做佛事用的"赤布"和"扎玛茹"曲调，才谱出自己满意的徐缓感觉。而服饰制造更费心思。史诗中有一段对霍岭之战的描述最为精彩，其中大量篇幅描述格萨尔王戴的帽子。这顶非凡的帽子具有包容四大洲、一座桥、一个湖和 62 座山的夸张样式，35 种珍宝装饰和 16 种飞禽翎子做成的装饰物。这一段长达 892 行的诗篇，需要近一个小时的说唱。

"这并不仅仅是一顶帽子。"土登强调说，"它凝聚着我们古代藏族先民们的智慧光辉，体现着青藏高原世代民间说唱艺人的艺术才华。"

不过以前的说唱艺人只是"插根孔雀毛凑合",而土登决定按照唱词制作出一模一样的帽子来。

刺绣的莲花、装饰的玛瑙都还好办,但16种羽毛让土登着实犯难。在20世纪60年代的拉萨,很多鸟他连见都没见过。比如象征"获得成就"的鹦鹉毛,当时拉萨只有一家寺庙养了一对鹦鹉,土登就去找那里的僧人,捡来几根羽毛。还有代表"瞭望展翅飞翔"的雄鹰翎,是土登托人从主持天葬的现场找来的。仙鹤翎子是罗布林卡动物园的老工人赠送的,而布谷鸟的羽毛是到乡下演出时偶然发现的,猫头鹰毛则是小商贩从尼泊尔进口的。

1987年,土登把《格萨尔王传》说唱艺术带到了世界艺术殿堂。"格萨尔的说唱艺术到伊丽莎白皇宫参加宫廷音乐艺术节,取得了很大成功。仅我一个人就说了55分钟。"他精美独特的服饰和生动精彩的表演征服了观众,热情的观众对他报以长久的掌声,土登谢幕多达4次,依然不能离开。

本文作者:魏山

原载《西藏日报》(2014年12月3日)

次旦：破镜重圆的鹰骨笛

消失的木笛

1970 年，12 岁就离开家乡，前往北京民族学院艺术系学习竹笛吹奏达 7 年之久的次旦回到了家乡拉萨。

在拉萨明净的秋空下，他越发想念藏木笛的吹奏声，这是他在儿童时代经常听见的乐声，也是改变他命运的声音。在他儿童时代，拉萨的传统节庆和仪式中，木笛虽很少独奏，但却是不可或缺的声音。拉萨是西藏器乐的集中发展地，来自康巴地方的鼓和弦子、来自后藏的扎年琴、来自汉地的扬琴，还有中亚的曼陀铃都在拉萨交汇，共同编织着西藏音乐的美妙乐章。

在典雅大气的宫廷音乐中，木笛吹奏的柔音标志着合奏的开始，并与扬琴、扎年琴等相互应和，表现音乐丰富的层次感。

普通的木笛用杨木制作，木质柔软，声音温和轻柔，而宫廷乐舞等重大场合所用的木笛则多为红木所制，更为淳厚。让儿童时代的次旦迷上笛子的，是因为这种乐器见于寻常街头巷尾，价格更是便宜。出身于平民之家的次旦，拥有一支普通的木笛并非难事。

次旦吹奏鹰骨笛

他的普通木笛虽然音域完整，却常出现音不准的情况，制作也远谈不上精美。当时在拉萨第三小学就读的次旦对自己的木笛爱不释手，频繁地在业余演出队中吹奏。

1963年，中央民族学院艺术系针对西藏招收西藏第一批民族器乐班学生，12岁的次旦因木笛技艺入选，尽管家人百般不舍，还是将他送上一辆北京牌卡车，前往北京。老师根据他的身体情况，以及牙齿和手的条件等细节要求，如他所愿，安排他学习木笛演奏。

阔别许久的次旦归来，却发现曾经遍布拉萨街头的木笛如今已经难觅影踪。多年之后，他在异乡发现了类似木笛的乐器，那是在北欧的挪威演出时，在挪威曲折多雾的海湾和阴冷的草甸牧场上吹响的竖笛，直让他想起儿时听过的藏木笛声。

地隔万里，这种相近何来？不得而知。身在北欧，次旦却有"他乡遇故知"的感慨。

传说中的鹰骨笛

木笛渐行渐远，然而藏北草原上还有一种传说中的乐器，即鹰笛。传说这种笛子以极难寻觅的鹰骨制作，响遏行云。其来源更是神秘，据说1800年之前就已响彻藏北草原。广袤的藏北草原虽然荒凉无际，却从远古时代开始就是各种文明交汇地。这古老的鹰笛声，是否曾一路走过整个欧亚大陆，最终来到藏北草原；还是诞生在这片古老的高原上，并随着往来的祖先走向世界？

从20世纪70年代开始，次旦就沉浸在鹰笛的传说中，他对曾经伴随祖先辽远歌声的鹰笛兴趣倍增。他隐约觉得，这从未听过的锋利的笛声，将带来久已消失的祖先的歌声，传递历史的真正血脉。然而鹰笛久已失传，只空余一个名字,其大小如何?形制如何?音域如何?有几个孔?甚至用鹰的哪一片骨头制作……都不得而知。次旦的梦想,类似水中捞月,画饼充饥。

探索多年的次旦仅仅得知鹰笛是用鹰的翅骨所做,此外一概不知。尚且不论鹰笛如何制作,鹰翅骨本身就已异常难得。鹰是高傲的生物,生活于绝壁之间,平日里只能见它们凌厉的身影盘旋在天空,来去如风,极少有人能见到死去的鹰,更莫论其尸骨。次旦苦苦等待,终于祖籍巴青县的姐夫为他带来了三根极为罕见的鹰翅骨,次旦视若珍宝。

如今鹰骨已备,如同破裂的古镜已得其半,然而鹰笛的制作方法,依然杳然难觅,不会说话的鹰骨将祖先的秘密紧紧包裹着,破镜难圆。

1993年,次旦终于见到了第一支真正的鹰骨笛,这是青海海南州文工团一位笛子演奏手所珍藏的古物。实物不大,6孔,为竖笛,然而这就已经包含了次旦梦寐以求的信息。等到时机契合时,他要亲手制作鹰笛。

这一等又是三年。

水中捞得明月出

1996 年,反复思虑之后,次旦和他的老师在北京开始制作鹰笛。他们小心翼翼地按照古鹰笛的实物,在次旦的鹰翅骨上钻孔试制。甫一试吹,音色之绝妙即令人震惊。老师豪兴大发,将剩下的两根鹰骨也分别按照现代的规格制成了笛与箫,然而其音色竟然大不如人意。

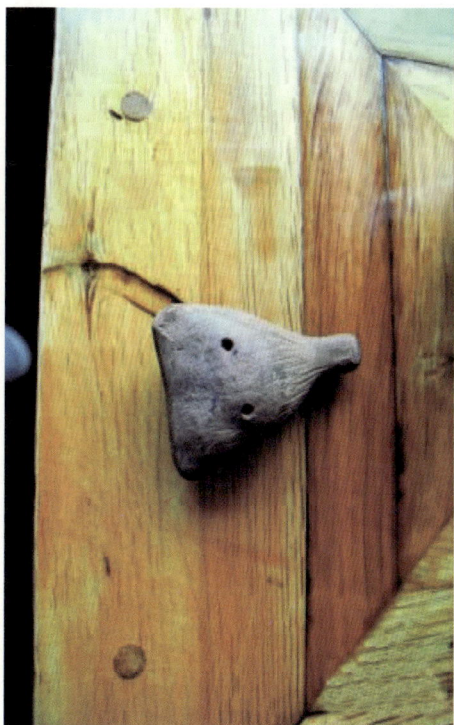

只得承认,古人的鹰笛制作确有过人之处。三根珍贵的鹰翅骨全部用尽,次旦的鹰骨笛,成为唯一一支还在吹奏和使用的鹰骨笛。

至此,鹰骨笛从远古的传说中走来,终于让 1800 年之后的人们听到其穿云破雾之声重又响起,犹如古莲子千年之后重又萌芽,菡萏生姿。

次旦收藏的藏北原始陶笛

171

传说李白酒醉之后，跳下水中捞月而死，那么次旦凭借这一个如同水中幻影的梦想，却将明月般的鹰骨笛从历史的幻影中捞了出来。

这支鹫鹰的翅骨制作的骨笛，精美、微弯，泛着水中月牙般的光泽，还坠着美丽的银镙子和绿松石、蜜蜡。

"这是全西藏第一支音阶完整的鹰笛，可以奏出十二音律，并可以上两个八度，完全可以适应乐团的演奏。"次旦骄傲地说。如今他的鹰笛已经不仅限于吹奏牧民们辽远的放牧小调，而是更多在剧团中演出。

"十多年来，我基本只吹鹰笛，已经不太吹竹笛了。"次旦微笑言道。

本文作者：杜冬

原载《西藏商报》(2012 年 9 月 4 日)

次旺俊美:千年贝叶经的守护者

"寻访贝叶经的路很长，不能放过每一片贝叶甚至残片。"次旺俊美常把这句话挂在嘴边。

次旺俊美曾任西藏贝叶经保护工作领导小组办公室主任。2014年初，由于年龄原因，他告别了钟爱的贝叶经事业。可当记者提起6年来的贝叶经寻访之路，这位年近七旬的老人立刻滔滔不绝、如数家珍。

贝叶经，是纸张发明以前，古印度僧人为了弘扬佛法而书写在一种棕榈叶上的经文。佛教典籍浩如烟海，而梵文贝叶经被认为是最接近释迦牟尼原始教义的"佛教元典"，其文物和文献价值不言而喻。

2006年，我国政府启动大规模的贝叶经寻访、保护工作。那一年，次旺俊美刚刚从西藏社科院院长的岗位上退休，本该在家享清福的他听到消息便坐不住了："为贝叶经保护传承尽一份力,我责无旁贷。"

同年,次旺俊美开始担任贝叶经保护工作领导小组办公室主任,正式走上了历时6年、行程1.7万公里的贝叶经寻访之路。由次旺俊美带领的7人课题组,在西藏全区41个县的寺庙、遗址和不计其数的民众家中留下了足迹。

"寻访工作条件艰苦,但大家都乐此不疲。"次旺俊美说,"6年间,我们整理出历史上曾有译师去过的每一个地方,然后按图索骥,一一寻访,最大程度做到不留遗憾。"

"寻访贝叶经的工作特别琐碎,许多经书存在串页、残缺、重复等问题,调查、复检、验收、整理、编目、影印,一个环节都不能少。"次旺俊美说,这项工作非常枯燥,梵文难度大,字体很多,需要一一辨认,并通过许多资料来旁证,针对梵藏翻译中有疑问的地方,他们会写入调研报告,引起后人重视。

寻找贝叶经的路,漫长却充满惊喜。"比如传说在第二十八代吐蕃赞普时期,曾有一部《宝箧经》从天而降,落在西藏第一座宫殿雍布拉康里。我们真的在贝叶经中找到了《宝箧经》,而且找到了几个不同的版本。"他说。

谈起这次收获,次旺俊美老人乐得像个孩子。他说:"长期以来口耳相传的佛教传说,竟然被印证了,这确实令人兴奋。不仅如此，有些贝叶经上与佛有关的故事记录得很完整，还配有精美的插画，谁见了能不惊讶啊！"

寻经六载，终得果实。目前西藏贝叶经已整理出近 6 万叶、近 12 万面、1000 多函(种)，很大一部分也已整理出了目录。

"传承保护贝叶经的接力棒不能丢！"次旺俊美说，"希望不久的将来，我们能形成系统的贝叶经学，为特色文化保护添砖加瓦。"

本文作者:许万虎、刘洪明

原载《西藏日报》(2014 年 3 月 31 日)

吴雨初:筑梦高原的"亚格博"

　　他,曾把自己最好的青春年华献给了藏北高原。三十多年前,大学毕业后的他选择了来西藏工作,支援边疆建设。

　　他,曾为筹建全中国第一家牦牛主题博物馆而不辞劳苦,因挖掘和传承牦牛文化而感动了许多藏族同胞,感人至深。

　　他就是来自北京的援藏干部吴雨初。在中国举全国之力支援西藏发展之际，他向西藏人民奉上一份特殊的礼物——牦牛博物馆，以表达自己对这片雪域高原以及西藏人民的热爱和尊敬。

在拉萨市八廓街以大昭寺为中心的转经道上，时常能看到一个人，戴着一顶毡帽，身着羊羔皮藏装，背着一个旅行者的双肩背包，行色匆匆。他的出现，和人群有些不搭调，但又能本真地融入转经的人群。人群中，时常会有熟人向他致礼，双方用藏语打着招呼，对方离去，他则继续走街串巷。

像这样在八廓街里"闲逛"，对吴雨初来说是一件平常的事情。他的形象甚至已成为一张名片，只要他一出现，八廓街里做生意的康巴藏族人就会说："亚格博又来了，大家过去吧。"于是，在他随意坐下的小店铺里，就会挤满各种人，手里拿着形形色色的商品，想让"亚格博"看看。

吴雨初，自称老牦牛，藏语就是"亚格博"。如今，年满六旬的他每年差不多依然有 11 个月的时间生活在西藏。多年的西藏工作经历，让他对西藏文化有着独特的理解，特别是对西藏的牦牛更是情有独钟。据了解，吴雨初微博账号"亚格博"在新浪微博上拥有近 90 万的关注量。

而每一天，吴雨初的工作和生活，也紧紧围绕着牦牛这一高原独特的生灵而展开。

仅在一次捐赠仪式上，就有 50 多人捐赠了 200 多件藏品

"点滴的记忆，就是梦想生长的种子，总想着该为牦牛做点什么，于是就将牦牛和博物馆联系在了一起。"

"我的最早祖先是野牦牛，现在羌塘、可可西里还有几万头我们的原始兄弟，因为种种际遇，我们这一支就被高原藏族人驯化了，成为现在的我们，我们遍布青藏高原，我们被驯化后的历史艰辛、苦难、光荣、辉煌。我们做过战骑，做过驮畜，做过坐骑，做过耕畜，我们的背上，坐过松赞干布，坐过文成公主,坐过格萨尔,坐过达赖班禅,坐过驻藏大臣,也坐过张经武、张国华、谭冠三、范明,坐过嫁出去和娶进来的女子……

"可是,你们都听说过六道轮回之说吧,你们不知道自己是怎么辗转来到这个世界上的吧,我可以跟你们讲讲我的来历,我已经经历过很多很多次转世了,因为我的品行并不最好,也不最坏,我总是在人畜之间来回地投胎。最近的一次转世前,我还是个人呢……"

在吴雨初的短篇小说《拉亚·卡娃》里,他以一头牦牛的语气,讲述了牦牛一生的故事。这段节选也让我们看见了牦牛身世的缩影。从高原藏族的祖先将野牦牛驯化的那一日开始,牦牛和人就密切关联着。牦牛被藏族人当作亲人看待,从降生之日起便成为藏族家庭中的一员,拥有自己的名字,生病的时候得到照顾,最终在悲悯的诵经声中离去。

"数千年来,牦牛与藏族人民相伴相随,以其一切成就了藏族人民的衣、食、住、行、运、烧、耕,影响到高原的政、教、商、战、娱、医、文,深刻地影响了藏族人民的精神性格,成为一代代在青藏高原上生息繁衍、发展壮大的藏族人生命与力量的源泉。"长期生活和工作在青藏高原的经历,让吴雨初对牦牛有着不同于常人的精神层面上的理解。

　　而一次与牦牛相关、终生难忘的特殊经历，让吴雨初对牦牛有着更加浓厚的感情。"那一年下大雪，我们运送着抗灾物资从那曲地区前往县里，中途被困路上，当时局部积雪有 4 米多。县里知道后，就烙了饼子送过去，先是用车和马匹运送，但失败了。后来用一群牦牛在雪地里蹚出一条路。当时看着牦牛从雪地里走了过来，好多人一边吃饼一边哭，是牦牛救了我们的命！在最艰难的情况下，它们坚韧地完成了使命。"

　　1992 年后，吴雨初因为工作调动去了北京。尽管远离了雪域高原，但每年他都会回来一次，因为他忘不了西藏人民和这里的牦牛。

　　一年冬天，吴雨初做了一个奇异的梦，梦里的他第一次把牦牛和博物馆联系在一起，也是从那一天起，他真正开始有了建设牦牛博物馆的想法。对他来说，与其说这是一个天马行空的想法，倒不如说这是他多年来对牦牛的感情积累。从那以后，他就开始筹划这方面的工作，甚至辞去了在政府部门中的高级职位。

　　牦牛博物馆最初的创意就是这样诞生的。

　　"在长期的生产生活中,西藏农牧民与牦牛结下了不解之缘,将牦牛'请进'博物馆,是他们的心愿。"

　　把一个梦想变成现实,除却数十年的藏地情,还要具备牦牛般的精神。在吴雨初看来,牦牛憨厚、忠诚、悲悯、坚韧、勇悍、尽命。"以生命尽使命",他希望牦牛博物馆的参与者,都能具备这种精神。

　　"保存牦牛文化物证,展示其千百年来所承载的民族历史文化。"带着这一理念,吴雨初不断与北京市有关方面协调,最终,牦牛博物馆被纳入北京援藏项目。

　　有了援藏资金和项目的支持,吴雨初开始踏上"寻牛"之路。他和陆续加入的伙伴们用了一年多的时间,在海拔4500米以上的高原行走了2万多公里,涉及范围超出整个西藏地区。

　　"一般人认为西藏文化就是宗教文化,宗教是西藏文化的重要组成部分,但远远不是全部。畜牧文化和游牧文化是西藏文化中非常有特点的一部分,而建牦牛博物馆其实就是在保存畜牧文化。"吴雨初对牦牛博物馆的构思,一开始就不是奔着建设一个动物博物馆而去的,所以牦牛博物馆所要讲述的不仅是牦牛的故事,而是牦牛和人的故事,是一座人类学的博物馆,牦牛只是载体。

建设牦牛博物馆的行动,得到了很多藏族群众的大力支持。许许多多淳朴的牧民拿出自己家中的老物件赠送,这项原本是几个人的旅程,在高原大地上火炬接力一般蔓延开去。

"牧区很多的牧民并不懂博物馆是什么意思,我就告诉他们,我们要建一座牦牛宫殿,牧民们听后连连称赞,并拿出了很多他们珍藏的物品赠予我们,要我好好建'宫殿',可见藏族群众对牦牛的感情之深。"吴雨初说,在长期的生产生活中,西藏农牧民与牦牛结下了不解之缘,将牦牛"请进"博物馆,是他们的心愿。

"这是一座众志成城的博物馆!"对此,吴雨初深有感慨。

如今,牦牛博物馆作为北京市对口支援拉萨市的一项重要文化创意工程,以伟岸的身姿静静地矗立在拉萨市西部的柳梧新区,成为中国乃至世界第一座以牦牛为主题的国家级专题博物馆,以及藏文化保护地的标志性工程。

"牦牛博物馆所要讲述的不仅是牦牛的故事，而且是牦牛和人的故事。它是一座人类学的博物馆，牦牛只是载体。"

"今天，我意识到我们长期忽视了从过去到当下再到将来都存在于我们血脉中的某种事物。经表姊妹引见，我拜会了一位名叫亚格博的中年汉族男士。见他之前我就听说他在筹办牦牛博物馆，但没有想到博物馆是这样一种格调。亚格博从年轻时起就怀着创办以牦牛为主题的博物馆的梦想。他的计划令人敬畏。我观摩了他的创意后涌现于心间的第一个词汇是'难以置信'。与拉萨的另一个博物馆不同，他的博物馆以一种仅生长在高海拔地区的家畜——牦牛为主题。虽然我是藏族人，却因为无知，从没有对牦牛的重要性有深刻认识。亚格博先生作为汉族人却看出了牦牛的独特性、牦牛与藏族不可割裂的关系。未来的牦牛博物馆，将是唯一的展示藏族真实生活的博物馆，年轻人会从中学习到关于我们祖先和关于藏族日常生活的丰富知识。我感谢亚格博为创办牦牛博物馆付出的努力，我们藏族人感谢亚格博先生做出的贡献。"

这是一位叫旺姆的藏族姑娘看了牦牛博物馆的创意后写的一篇感想。

2014 年 5 月 18 日,牦牛博物馆开馆。在开馆仪式前,听着吴雨初用藏语和汉语做主旨演讲,回顾牦牛与人类的共同发展史,以及牦牛博物馆创意的初衷,在场的人无不动容。

吴雨初说,他希望通过博物馆,以牦牛为载体,说出人类学的故事、社会学的故事、文化的故事,为这个地区和人民留下一份整体记忆。"除了具有保存历史记忆的作用,牦牛更应该被提升为一种文化符号,一种对于西藏来说更鲜明的文化符号。"

"牦牛博物馆建成后,主要向世人展示三种意义上的牦牛:第一种是自然和科学的牦牛,展示牦牛从产生到驯化的过程以及牦牛的品种、营养价值等;第二种是历史与人文的牦牛,展示几千年来藏族人民和牦牛相依相伴,牦牛在人们的生产生活中的作用,以及牦牛在解放军进藏、西藏修路架桥中所发挥的作用;第三种就是精神和艺术的牦牛,牦牛作为高原上的特有物种,影响了很多艺术家,来过西藏的画家几乎都画过牦牛,博物馆将从这个角度展示有关的藏品。"吴雨初介绍道。

不久前,在北京大学考古文博学院和文物爱好者协会的邀请下,吴雨初带着一同奋斗的志愿者和支持者,带着雪域高原上充满奇迹与感动的故事,走进了北京大学,为北大师生献上了感人的牦牛与藏文化公开课。

也许,让牦牛"憨厚、忠诚、悲悯、坚韧、勇悍、尽命"的精神深植于藏族同胞之内心,传递于世人之耳际,正是吴雨初多年来的追求。

本文作者:魏山

原载《西藏日报》(2015 年 5 月 20 日)

南杰旺扎：手执竹笔展古韵今辉

如果给你一小段竹竿，你会把它做成什么？

也许可以把它雕刻成一件工艺品，也许可以把它削成几双筷子，也许可以嵌上笔头做成一支毛笔……在南杰旺扎的手中，一小段竹竿被破开后，按需取材，将一头打薄削尖，竹竿便可以成为他书写藏文的竹笔。

"圣者虽不爱炫耀学问，他的美名却到处被颂扬；豆蔻花虽被严密裹藏，它的芳香却香飘四溢。"这是《萨迦格言》里的一段格言，也是南杰旺扎留给自己的座右铭。

南杰旺扎，最初是阿里札达县的一名普通教师，如今已经成为整个拉萨家喻户晓的敬语老师和著名藏文书法家。在海城小学担任教师期间，南杰旺扎以独特的授课方式，不仅让敬语成为学生们平时交流的用语，还为敬语的普及以及藏族传统礼节的发扬做出了贡献。

坚持练习书法三十余载，用藏文书法展古韵今辉

1972 年，南杰旺扎出生于拉萨市尼木县普松乡。

普松乡历史悠久、文化底蕴深厚，是著名的"雕刻之乡"。作为"尼木三绝"之一的普松雕刻，是普松乡群众世世代代传承下来的一项古老技艺，现已成为西藏自治区区级非物质文化遗产。

"因为普松乡是雕刻之乡，这里的孩子们从小就在自家的院子里，拿着竹笔，蘸着墨汁，在木板上练习书写藏文。"南杰旺扎回忆童年的生活，"我也不例外，6 岁的时候我也开始练习藏文书法。"

南杰旺扎正在书写藏文

　　南杰旺扎的外公外婆对子女的教育十分严格，孩子们都养成了好学、严谨、讲礼的好习惯。南杰旺扎的两个舅舅都写得一手好字，同时对他学习的要求也十分严格，这对南杰旺扎以后的成长起到了非常重要的作用。

　　在普松乡，孩子们除了认识和书写藏文，还得学会如何自制墨汁和竹笔。

　　"以前，由于纸张稀少和昂贵，孩子们只能在木板上练习藏文的楷书和草书，经过8年左右的练习，得到老师的认可后才能在纸张上书写行书。"南杰旺扎说，"在我们小的时候，每到一定的时间，老师都要组织同龄的孩子进行书法比赛。家长和孩子们在前一天就要准备好木板、竹笔和墨汁。这个墨汁尤其重要，也是家长们重点准备的物品。传统的墨汁，在家里就可以制作。在厨房的屋顶上，有常年烧火做饭留下的黑色烟渍，把它取下来后，加少量的水和红糖一起熬制，就可以变成墨汁。红糖加得越多，熬制成的墨汁就越油亮。家长常常被孩子们要求在熬制的过程中多加红糖，油亮的墨汁会让书写出来的文字更加漂亮。"

　　说到这里，南杰旺扎还讲起了一次到北京参加书法比赛的故事。从拉萨出发时，南杰旺扎专门带上了一瓶自制的墨汁。由于没有托运，墨汁没有被带上飞机。到了北京后，主

南杰旺扎向记者讲解旧时书写藏文所用的笔筒、竹笔和墨汁瓶等工具

办方要求参赛者在比赛过程中必须使用自带的笔和自制的墨汁。在陌生的城市如何就地取材？灵机一动的南杰旺扎去超市买了一瓶老抽和一袋红糖，回到宾馆后做成了墨汁，顺利地参加了第二天的比赛。

在练习书法时，小孩子们最初使用的竹笔，就是将一截直径很小的圆柱形竹竿直接削尖，这种笔初学者容易掌控；长大后用的竹笔则是根据书写字体的宽窄，选择使用竹片和竹条制成的竹笔，这种竹笔必须是具备一定书写功底的人才能掌控。

南杰旺扎书写藏文时所用的笔筒、竹笔和墨汁瓶等工具

　　在普松乡，南杰旺扎度过了有趣的童年，继而转到拉萨开始上学。除了完成学业，他每天都要在舅舅或哥哥的监督下，练习藏文书法。依靠自己的努力奋斗，以及自己独特的风格，南杰旺扎已经成为西藏著名的书法家。现在，在藏文书法方面，南杰旺扎算得上是功成名就，可是他依然坚持每天练习至少 10 页纸。"我喜欢在夜深人静的时候，点上几根藏香，听着舒缓的音乐，让自己的心慢慢地安静下来，然后铺开练习纸，认认真真地写字。"南杰旺扎说道，"只有在安静无杂念的情况下，才能达到最好的书写状态。"

　　2005 年 3 月，南杰旺扎被吸纳为西藏书法协会会员。

2005 年 7 月，南杰旺扎在西藏博物馆举办 150 米长卷的个人书法展。该书法展在历来的藏文书法展中，属长度最长的个人书法展，而书法的内容就是《萨迦格言》。同年，他的作品又入选西藏自治区文联举办的"庆祝西藏自治区成立四十周年美术、书法、摄影展"。

如今的南杰旺扎，是西藏书法协会会员，同时也是西藏著名书法家。南杰旺扎的书法作品以经书体藏文为主，其最大的特点就是字母之间距离非常近，字体在保持经书体藏文风格的同时，又具有了自己的特色和风格。南杰旺扎的书法作品先后在自治区内外荣获过许多奖项。

自创字体和藏文春联，艺术作品深受群众喜爱

藏文书法共有 200 多种字体。练习藏文书法多年后，南杰旺扎根据自己的心得体会创立了自己独特的藏文经书体。2005 年，南杰旺扎的自创字体在全国第一届"国立杯"书法艺术大展赛中荣获金奖。

"以前纸张非常紧缺，所以经文上面的字就会写得非常紧密，藏文的字头字尾也会非常短，这样主要是为了节约纸张。"南杰旺扎的字体虽然属于经书体藏文，但是其中也不乏自己的特色和风格。他自创的藏文经文字体与传统的藏

文经文书法相比，外形神似，手法各异，以更加独到的美感赋予了 30 个藏文字母丰富的内涵。

南杰旺扎的书法作品《扎西德勒》

有学者说，自 20 世纪 80 年代以来，藏文书法从最初朴素的状态，经历了概念、表现形式等方面的巨大变化。一幅藏文书法作品也经历了从最初的"免费送"，到现在价值可达数万元的发展。如今，藏文书法作品深受群众的喜爱，很多人求字后将其装裱悬挂在家中的重要位置，增加房屋里的文化气息或是作为格言激励自己和家人。南杰旺扎的书法作品深受群众的喜爱，许多人经常上门索求。

让南杰旺扎家喻户晓的另一个原因就是：他创造了藏文春联。在创作过程中，他克服了很多困难，对藏文春联的渊源进行了询问和考证之后，便心无旁骛地认真试验、试写。2005年，南杰旺扎借鉴了汉文春联的形式书写藏文春联，汉藏文化的"珠联璧合"使得藏文春联成为拉萨年货市场的"新宠"，得到了广大群众的认可和喜爱。越来越多的市民选购藏文春联，不仅贴在自家的门上，还会送给亲朋好友。

南杰旺扎记得第一次出售藏文春联的时候，有一位藏族老先生把哈达献给了自己，并对他说："这样的好东西终于有了，感谢你能让更多的人感受藏文化的魅力。"这让南杰旺扎心里非常激动，甚感自豪。

从第一次出售藏文春联开始，南杰旺扎就将其所有的销售收入捐赠给贫困学生。在南杰旺扎的影响下，各式各样和更多字体的藏文春联出现在年货市场上，而南杰旺扎自创字体的藏文春联始终是市场上独有的产品。现在，南杰旺扎的藏文春联除了现场书写的，还有了印刷版的。他还和一家商铺的老板合作销售自己的藏文春联，每年将全部销售收入捐赠给贫困学生。

讲授传统敬语和礼仪，身体力行传播文明

在南杰旺扎的家中采访时，记者受到了热情的款待，品尝了酥油茶、奶渣和藏式甜点。在倒酥油茶的过程中，南杰旺扎的动作引起了记者的好奇。"这就是我们藏族的传统礼仪。在拿起酥油茶瓶时，离开地面后将瓶身晃动一下，拿到柜子中间位置时再晃动一下，然后在高于柜子的地方再晃动一下，才向客人的杯子里添茶。出于礼貌，客人也需要将杯子用双手托起，便于主人倒茶。"南杰旺扎一边倒茶，一边解释说。

旧西藏的贵族家庭十分讲究礼仪。在舅舅们的严厉要求下，南杰旺扎从小便开始讲敬语和学习各种礼仪，并保持至今。

南杰旺扎的书法作品《愿世界和平吉祥》

　　1992年，南杰旺扎从学校毕业后被分配到札达县担任藏文教师，1996年到山西任山西大学附中藏文教师，1998年到拉萨海城小学担任藏文老师。从教的时候，南杰旺扎不仅对学生课程的要求十分严格，同时也注重学生们的兴趣培养，教学生们藏文书法。"我从小就喜欢藏文书法，每天都会书写好几页。当了老师后我也同样注重学生们的藏文书写，因为优美的字体给人一种美的感受。后来学生们也对藏文书法产生了浓厚的兴趣。"

　　2005年，学校实行"新课改"，许多学校开始设立特色班，海城小学则开设了礼仪班，专门教学生们传统的敬语，而这个班正是由南杰旺扎负责的。

　　南杰旺扎认真地说："藏族是一个非常讲究礼仪的民族，敬语类的词语非常丰富。这是一个文明和竞争的时代，所以，继承和发扬优秀传统文化已经是我们现在这个社会的一大主题。拉萨市现在已经被授予"文明城市"称号，讲敬语是最礼貌的一种表达方式，互相尊重也是和谐社会的必备要素，所以开设礼仪班，教学生们讲敬语是非常有意义的。"南杰旺扎开设敬语课不仅受到学生们的喜爱，同时也受到家长们的欢迎，海城小学礼仪班的名气开始响起来，受到了人们广泛的关注。

现在,海城小学的所有课程,无论是用藏语还是用汉语授课，都使用敬语方式，这也已经成为海城小学的一大特色。南杰旺扎非常高兴地说:"最让我高兴的是现在学生们不仅在课堂上使用敬语，而且在平时的课余生活中也非常懂礼貌,同学之间常常用敬语交流。同时,在学生们的影响下,家长们的文明素质也得到了提升。"

3年前,南杰旺扎离开了自己默默奉献了20年的教师讲台,调到拉萨市文联工作。2013年5月,南杰旺扎作为拉萨市文联的驻村队员，到墨竹工卡县甲玛乡龙达村开展驻村工作。其间,他通过仔细的调研发现,现在农牧民虽然经济条件好了,车子房子都有了,但精神文化追求还没跟上。"因为我以前当过藏语老师,而且还在西藏电视台讲授过藏语敬语的课程，所以我利用驻村工作队院子里的一个小房间开办夜校。只有家长对文化有了兴趣,对文化重视,孩子才能够被培养起来，只有这样才能为西藏的建设出一份力。"南杰旺扎说。想到就开始行动,他自掏腰包为村里的学员们购置了书本教材等。从此之后,每天晚上7点到8点,便成了南杰旺扎的"藏文课堂"时间。

最开始,夜校只有几个人来上课。后来上过课的村民们口耳相传,大家纷纷来夜校上课学习。不知不觉,到后来,夜校里已经有几十个不同年龄的"学生"了。小小的教室里挤满了前来学习的人们，这其中有孩子也有老人，而最多的"学生"是 30 岁左右的青壮年。

在课堂上，南杰旺扎给大家义务讲解藏语入门拼音，教授藏文中的敬语知识，更不忘为大家讲解掌握文化知识的重要性。因为夜校受到群众的热烈欢迎，南杰旺扎在龙达村一共待了一年半的时间，才依依不舍地离开了那里。

2014 年，在首届西藏藏博会上，主办方专门为南杰旺扎的书法作品设置了一个展示平台。家长带着学生在这里参观时，都对南杰旺扎的作品发出啧啧的赞叹声，纷纷表示想跟随他学习藏文书法。"在和著名书法家郭一苇商量后，我们决定开设一个藏汉书法培训班，让对书法有兴趣的学生得到培养。"南杰旺扎说道。

本文作者：裴聪　摄影：格桑伦珠

原载《西藏日报》(2015 年 5 月 27 日)

田勇:在"藏地悲歌"里吟诵真善

"无语飘落的最后的枯叶/让藏地的月影愈发散乱/想扯一片衣/或者/揪一绺苍发给你/藏地的深处/何时蓄满汉乡的泪水/被深锁的旧梦/依然悬在古老的梁端/谁,遗我于藏地/谁,又像汉风那样呜咽着/将我深搂怀中/告诉我/故园已颓/香魂寸断……"一个初夏的下午,在位于西郊的"拉萨诗院"里,在翰墨飘香的书房里,伴随着华丽又忧伤的肖邦钢琴曲,田勇为我们再一次吟诵起自己的代表作——《藏地悲歌》中那几句熟稔的诗句。他的举手投足和抑扬顿挫的音调,让我们领略了诗人与诗歌的无限魅力。

说起田勇,许多人并不陌生。这位出生于 20 世纪 70 年代的安徽籍诗人,凭借敏锐的诗人灵性和文人情怀所创作的《雪山》《红雪莲》《藏地悲歌》等作品广为人知。

"诗歌,是情感的怦然爆发"

走进诗院的大院,再步入正厅,西北两面墙上全是琳琅满目的各种中外名著和诗人自己的文学作品;客厅北面的书架上方,供奉着度母像;客厅中央摆放着磨制咖啡的各种器具;客厅的墙上、书架上方,以及二楼楼梯的空当上,也到处摆放着诗人自己和朋友的各种美术作品。田勇就在一个充满艺术氛围的环境中诗意地栖居。

阳光明媚的午后,日光斜照的窗前,与主人相坐对饮,听钢琴曲,畅谈诗情,是一件多么美妙的事情。诗人也将自己的故事娓娓道来。

1971 年,田勇出生于安徽省灵璧县的一个小山村。在他 13 岁那年的夏天,哥哥从镇上带回了几本口袋书。老家是个人们读物甚少的乡下地方, 这些口袋书, 特别是那本《雪莱诗选》一下虏获了一个少年的心。"一句'冬天来了,春天还会远吗?'连根掘获了我的一生。当时我就在想,世上怎么会有如此美丽的句子可以瞬间打动人, 诗歌的魅力太神奇了。"偶然与诗歌结缘,从此诗歌就像血液一样注入了田勇的生命中。"诗歌是情感怦然爆发的产物,它融入了我的生活、生命。有了它,我会死得快些;没有它,我坚信我坚持不到现在,活不了。"

从那时候起,田勇开始用诗歌记录生活,一发不可收拾。"娘,你在等我白发的时候,领我认归回的路吗?"很难想象这句对生命归宿的质问出自孩童之口。同年,田勇就在一家国家级刊物上发表了自己的处女作。每天都坚持创作,一周至少创作四五首诗歌,这个习惯田勇坚持了许多年。在开始创作诗歌的头几年里,田勇就形成了自己独特的风格。起初使用笔名时,田勇的诗文里曾出现高跟鞋、口红等词,他常常被人误认为一个女性诗人。渐渐被人熟知后,大家才发现田勇的"真面目"。也有人评价田勇的诗歌是"男性的躯壳、女性的心思"。

大专毕业后,田勇回到自己的老家,成了一名教师。带着诗情成长,待到爱情开花,谁知妻子英年香消玉殒,田勇悲痛欲绝。"妻子的离世,造成了我一世的漂泊。"田勇哽咽着说,"我决定辞职离家,背负着沉重的忧伤辗转至广东、浙江、上海打工和经商。"在打工的时候,田勇也笔耕不辍继续创作。数次投稿遭拒,这个多次在刊物上发表过作品的诗人也坐了坐"冷板凳",这也让田勇感觉自己成了一个在沙漠里孤独艰难行走的打工诗人。当然也有令他感到高兴的事,在上海期间,他的作品得到很多人的认可,他与著名诗人阿钟等三人被大家称为"上海滩三大诗人"。

后来,为了寻求心灵的释放和生命的出口,田勇去了香格里拉,2006 年来到西藏。第一次进藏,在内地苦苦寻觅的生活方式,被一盏酥油灯点燃、被转动的经筒摇醒。"我用文字找到了生命的出口,哪怕是随风碎落,也要拥有强者的尊严。在这里,我能够坚守自己喜欢的诗歌,并时刻保持一种自由的状态。"一路走,一路用诗歌的方式来记录所见所闻所感,田勇用几年的时间创作了自己的代表作《藏地悲歌》诗集。

有人说田勇是藏地诗人,也有人说他是诗人作家。"我最喜欢的还是诗人这个身份。"田勇说。现在,田勇除了是拉萨诗院院长,还是白度母画廊的主持人。这个自称对绘画外行的人还开始了绘画创作,目前已创作了近 200 幅作品。对诗人而言,绘画仿佛是以另一种可见的方式来写诗,用画笔和五彩缤纷的颜色来抒发内心的感受。

"小说,是文学的宏伟殿堂"

从踏进香格里拉那一天起,藏地对于田勇而言,已经不再是一个落脚点和栖息地那么简单,诗人的情怀已经和这片土地的山川河流融为一体。近年来,田勇一系列西藏题材的诗歌小说正为西藏文学的对外交流和拓展打开一扇窗。

"写作仿佛是文学的宏伟殿堂，需要长久谋划、精心构思，就像一座建筑物在修建过程中不得有丝毫马虎；写作也仿佛是一场旷日持久的孤独赛跑，虽然在这个赛场上并不是只有你一个人，但是每个人必须要有自己的责任和使命，同时也需要有孤独和救赎。"田勇说。《雪山》这部作品就是在这种情况下写出来的，这是田勇的第一部小说，且带有自传性质。写这部作品的时候田勇在香格里拉——世人眼中梦幻般的天堂，但当时他的遭遇却如同安徒生童话里卖火柴的小女孩一般，没有水电，一个人在小屋子里成天靠吃泡面维系生活。后来《雪山》一经问世，便得到了诸多读者的肯定，许多人还来电或在网上留言告诉作者，自己是在感动中哭着读完这部作品的。

有一天，田勇接到一个来自广东的电话，被邀请到深圳去写一本书。田勇如约去了深圳。打电话的曹先生捧着一个女性的颅骨和一条黄哈达，向他讲述了一个 20 世纪 60 年代发生在藏区里的悲烈的爱情故事。这深深地打动了田勇的心。他当即决定要将故事创作成一部小说。

离开深圳后，田勇乘坐火车到大西北，去故事发生的地方祭拜了故事的主人公，对着那片繁茂成荫的红柳林鞠躬再鞠躬，然后来到拉萨开始创作。没有足够的经济来源，田勇租住的是 300 元一个月的房间，靠着廉价的泡面维持生活。创作是痛苦的，生活是痛苦的，让他不堪忍受的还有右肋骨的阵阵绞痛。

就是在这样恶劣的条件下，田勇创作出了一部新作《红雪莲》。作品收官之后，田勇去餐馆点了一瓶二锅头和一份回锅肉，独自庆祝新作完成。也正是因为这本《红雪莲》的问世，田勇得到了很多朋友的救济，他的生活境况和身体状况有了好转，让他有条件去创作更多的作品。

《雪山》《红雪莲》《卓玛的婚礼》《拉萨浮生》……这些闪耀在文坛上的杰出作品，让田勇这个名字更加深入地走进了普通百姓家。许多普通读者进藏，与偶像见面是行程当中必不可少的重要内容，而许多国内外知名的诗人、作家和文化学者，也把"拉萨田勇"当成了西藏文化的重要驿站和地标。现在，除了与藏区和藏文化有关的题材，田勇基本不写其他文学作品。

"作品，皆要展现真善美"

故乡与西藏都有一种令人叹服和膜拜的自然力量，从小生长在故乡农村的田勇，感受着最为浓郁淳朴的乡土气息,越是贴近土地,便越能感受自然与真知,这种自小形成的与自然万物的亲近感,也为他日后的写作提供了更为深厚的土壤与根基。

"父母传承给我农村人特有的纯真和善美,在功利和浮躁的社会,让我始终保持人性的单纯、忠厚和善良。同时,藏文化净化了我的心灵,出于对藏族情感的认同、文化的认同,有时候,我真感觉自己已经变成了一个藏族人。"在采访田勇的过程中,他反复强调的就是要感恩,要用更多展现真善美的作品回报这个社会、回报西藏。

虽然诗集取名为《藏地悲歌》,其实,真爱难泯,藏地不悲,田勇力求表达的都是真善美。《非洲哈达》是田勇最新创作的一部小说,这部小说的主人公是来自欧洲的意大利人达瓦拉,在拉萨生活十多年的达瓦拉一直从事爱心公益事业,对孩子们关心爱护,真诚而善良。这让田勇对这个来自"异域"的外国人更加钦佩。田勇说,刚开始创作这部作品的时候自己很害怕,害怕难以驾驭和理解这种伟大人性的无私和光辉,同时也更加害怕审视周围的世界和自己。但是他认为将更多的大爱和真善美传递给每一个需要温暖的人,是自己一生唯一真实的工作,必须去面对。他相信这是篇唯美的作品,场景横跨亚洲、欧洲和非洲。

"就如落日的余晖/使你泛起了金光/ 阿爸阿妈们/ 转动经筒的声音/ 叮咚/和着青石板上你/ 轻轻的鼾声。"这是拉萨女诗人格桑玉珍创作的《黑猫》中的一段。

多么富有感染力的诗句,在田勇看来,这写出了徐志摩般浪漫优美的意境。"拥有纯粹心灵的藏族孩子都是天才诗人。"这是田勇常常对别人说的一句话,所以,倾力打造藏地诗人也成为他现在的主要工作之一。在他的帮助下,西藏的很多诗人开始崭露头角,格桑玉珍、拉巴次仁等诗人的不少作品见诸《中国诗刊》《大别山诗刊》《九州诗文》等国内外重量级刊物。

在这古色古香的书房中,伴着优美动听的钢琴曲,听他谈诗论作是件惬意的事情。在采访结束的时候,田勇坐直了身子,动情地朗诵起自己的诗作:"如果/那一夜的拉萨/迷失了月光/请你将青稞种撒在我深陷的眼窝……"

本文作者:裴聪

原载《西藏日报》(2015 年 5 月 13 日)

班典旺久:让藏戏拥有更多观众

　　班典旺久,1972年出生,西藏自治区藏剧团藏戏演员,曾获首届西藏自治区藏戏唱腔大赛专业组第一名。班典旺久热爱本民族戏曲事业,在艺术实践中注重吸收、继承和发扬藏族传统戏曲艺术的精髓,并有着自己独特的创新和发展,在藏戏唱腔和道白上独树一帜。班典旺久曾主演大型藏戏《朗萨雯蚌》《苏吉尼玛》《白玛文巴》《卓瓦桑姆》《多雄的春天》,京剧藏戏《文成公主》等剧目。其主演的京剧藏戏《文成公主》成功入选"2007—2008年度国家舞台艺术精品工程十大精品剧目"。2006年其推出个人演唱专辑《天唱》。2010年由西藏自治区文化厅出品、由其主唱的《八大传统藏戏经典唱腔》CD珍藏版,引起较大的反响。

　　藏戏是民间传统戏剧,藏文称"阿吉拉姆",系"仙女

京剧藏戏《文成公主》,班典旺久饰演松赞干布

大姐"之意,简称"拉姆"。藏戏已有六百余年的历史,是以民间歌舞、民间说唱形式表现故事内容的综合性表演艺术。音乐、唱腔韵味隽永,面具、服饰五彩缤纷,这些都显示了藏戏深厚的文化根基。藏戏剧种流派众多,表演形式富有民族特色。来源于民间的藏戏,成长于西藏山高水远、地广人稀的自然环境中,尽管后来被节选改编搬到舞台上去演出,但天为幕地为台的户外才是它最原汁原味的表演地点。

2010 年 5 月,带着自豪和喜悦,出生于西藏农民家庭的藏戏演员班典旺久和于魁智、孟广禄、韩再芬等戏曲名

藏剧名家班典旺久

家一起登上了文华表演奖的领奖台。"那一刻,我很激动。"班典旺久说。

现年 38 岁的班典旺久已在西藏自治区藏剧团工作了近 20 年。许多人评价他:"在唱腔和表演形式方面表现出了与年龄不相符的天赋与成就。"在继承和发扬藏戏艺术精髓的同时,班典旺久有着自己独特的创新和发展。他的唱腔底气十足、一气呵成，身板架势典雅质朴、气韵生动。多年来，他先后在传统藏戏《朗萨雯蚌》《白玛文巴》《卓瓦桑姆》《苏吉尼玛》，大型新编藏戏《阿吉拉姆》《朵雄的春天》，大型乐舞《珠穆朗玛》等重要演出中担当主角。与京剧名家邓敏、王艳合作演出的大型京剧藏戏《文成公主》，更是让班典旺久名声大振。该戏荣获全国第十届精神文明建设五个一工程奖，并成功入选了国家舞台艺术精品工程十大精品剧目。

对于一名藏戏演员而言，让世人更了解藏戏、让民族文化得以更好地继承和发展，是班典旺久长久以来的最大心愿。据班典旺久介绍，藏戏发源于西藏，远播青海、甘肃、四川等地区，形成了黄南藏戏、甘南藏戏、色达藏戏等分支。同时，藏戏在西藏门巴、夏尔巴等人口较少的民族聚居地和印度、不丹等国的藏族聚居地也有流传。

"因受藏传佛教影响，藏戏剧目内容普遍带有劝善惩恶、因果报应等佛学思想。"班典旺久说。在漫长的历史长河中，藏戏逐渐形成了《诺桑法王》《朗萨雯蚌》等八大经典传统剧目。他告诉记者，藏戏既具备了中国内地戏曲的写意韵致和风格，也因受西藏特殊地理、社会、历史的影响，形成了与内地戏曲大异其趣的古老、质朴、独特的戏剧形态。藏戏服饰在藏族服饰的基础上，吸收了唐代、元代，特别是清代宫廷官员服饰的特点，形成了自己的服饰体系，并以戴假面具表演的独特形式闻名遐迩。

2006 年，他在首张个人专辑《天唱》中收录了卡鲁、囊玛等充满浓郁民族特色的音乐作品，得到了广大藏族群众及国内外各界人士的喜爱和赞扬。"我找遍了所有藏戏早期的资料，反复揣摩历史上每位艺术大师的唱法，在这个基础上尽自己的最大努力将藏戏原貌展示给大家。"班典旺久说。

2010 年，西藏自治区文化厅出品了班典旺久主唱的《传统八大藏戏经典唱腔》CD，其中收录了传统八大藏戏经典唱腔 108 首、谐玛朗达 13 曲、念白 18 段。如今，这张光盘已成为西藏自治区政府馈赠社会各界的珍贵礼物。

除繁重的演出任务外，班典旺久还承担着西藏大学艺术学院藏戏班的教学工作。作为 39 名青年学员的老师，班典旺久坦言这一角色对他而言超越了所有的舞台角色。"我会尽最大努力培养更多的藏戏接班人，毫无保留地把自己的本事传授给他们。"班典旺久说。

"现在藏戏艺术进入了最好的发展时期。"班典旺久说。西藏和平解放以后，藏戏艺术得到了很好的保护、传承和发展。特别是进入新时期以来，藏戏艺术大胆探索创新发展之路，把藏戏从单一的广场戏变为运用现代舞台美术、灯光、音响、乐队、伴奏的综合性舞台艺术；用藏戏古老的艺术形式表现今天的新生活，使之焕发出新的光彩。京剧藏戏《文成公主》，现实题材新编藏戏《吉祥奥运》《金色家园》等优秀剧目深受民众喜爱。

原载《西藏商报》（2014 年 9 月 24 日）

次仁央宗：
书写西藏贵族，见证家乡变迁

她为西藏文化着迷，形容自己是"走运的一代"，9岁时阴差阳错成了初中生，考大学恰逢高考恢复，不到15岁即考入西藏师范学院。她就是《西藏贵族世家》一书的作者次仁央宗。

"追溯历史，拉萨一带大概在四千多年前就有人类居住生活。"日前，中国藏学研究中心（以下简称藏研中心）西藏文化博物馆内，一场题为"拉萨文化趣谈"的讲座正在进行。

这是藏族文化系列讲座的第一讲。主讲人为藏研中心社会经济研究所副研究员次仁央宗。

"藏族文化有很多令我着迷的地方，所以我固执地选择从事现在这份工作。"从事藏学研究几十年的次仁央宗说。

次仁央宗在西藏那曲调研

"那两章的撰写付出了我一生中最大的努力"

次仁央宗撰写的《西藏贵族世家》再版两次，被作家马丽华评价为"全方位反映西藏贵族的由来及其生活方式之作，之全面之有趣当为国内的第一本"。

但在几十年前，次仁央宗并不会写学术论文，连调查提纲都是别人列出来的。

次仁央宗形容自己是"走运的一代"，9 岁时阴差阳错成了初中生，考大学恰逢高考恢复，不到 15 岁考入西藏师范学院,后又被学校直接送到四川大学就读。"人家都以为我是天才,但我什么也不会。"

次仁央宗来到藏研中心也是很幸运的。"那时我还在西藏大学教书,教的是现代文学。藏研中心当时正在筹建,格勒(中华人民共和国首位藏族博士)问我愿不愿意来,我就来了。"次仁央宗说。当时工作调动到北京也特别简单,但是到了藏研中心之后,她付出了很多努力。

到藏研中心之后,次仁央宗就参与了一个非常大的课题——西藏封建农奴制社会形态。除了做一些会议记录外,她还参与了其中两章的撰写:一个是封建农奴制等级,另一个是日喀则的堪厅组织。"这两章的撰写,我认为是我一生中付出的最大的努力。"她说,"我一而再再而三地修改。"有老师说,这才叫学术嘛!这对当时的次仁央宗影响特别大。

"我特别特别感谢格勒。他引领我走这条路,我差不多是他一手教出来的。"次仁央宗说,她做西藏封建农奴制课题去调查的时候,就觉得贵族文化特别有意思。格勒说:"如果你喜欢的话,你应该做一个调查提纲。"但次仁央宗不知如何做,格勒就替她列好了提纲。调查时应该问什么、怎么问,次仁央宗也不明白,还一度很困惑:"你叫什么?几岁?性别?干什么的?原来我就想,人不是看见了吗,干吗还要问性别？感觉很奇怪。"格勒说，像酥油茶为什么一定要摇着喝这些细节，都不能疏忽。

关于西藏贵族点点滴滴的调研，全是在做西藏封建农奴制课题的时候做出来的，收集资料前前后后用了大概 10 年时间，写《西藏贵族世家》用了 3 个月，"因为资料太全了"。

2004 年，《西藏贵族世家》出版，反响很大。学者王川、彭升红评价："国内对这一课题研究不多，作为专题的研究则更少。中国藏学研究中心的青年学者次仁央宗新著《西藏贵族世家》一书，是向这一领域进军的一个尝试、一次创新。"

"希望所有人都爱上西藏"

"拉萨的西头为宇妥桥，市人民医院是拉萨东头，小昭寺是拉萨北头，军区的江苏路就是拉萨南头。"拉萨老城地图清晰地印在次仁央宗的脑海里。

谈起拉萨，这个以"拉萨人"自居的学者，总是滔滔不绝。次仁央宗的主要研究领域，从大的方面来说，就是西藏文化，侧重点则是拉萨。她近期的关注点是八廓街。"人文的东西最集中的表现就是八廓街。"

中国藏学研究中心社会经济研究所副研究员次仁央宗(刘瑞 摄)

拉萨老城区以八廓街为核心,总面积约 1.33 平方公里。八廓街地区以大昭寺为中心,是集居住、商贸、宗教、旅游、文化等多种功能于一体的城市中心区。2012 年 12 月 20 日,拉萨老城区保护工程开工,历时 6 个多月,于 2013 年 6 月 30 日完工。

八廓街修缮保护完工后,次仁央宗参加了"专家行"。修缮保护会不会对八廓街造成破坏?去之前,她也有疑问。看到后,她说:"公平地讲,我觉得做得很好。"困扰居民多年的街巷拥挤难行、电线杂乱、用水排水难等问题都得到了很好的解决。针对八廓街等地的改造，次仁央宗曾经走访了很多当地百姓，他们普遍地反映改造后的八廓街更宽敞了，转经更加方便。"不夸张地说，拉萨老城区的修缮保护不比罗马等国外城市差，做得很好。"次仁央宗说。

唯一让次仁央宗感觉有点遗憾的是窗户颜色。不过，在拉萨老城区居住的不仅仅是拉萨居民，也包括很多来自康区、牧区的居民。康区和牧区偏爱非常鲜艳的颜色，拉萨的颜色讲究底蕴，是非常凝重的颜色，两者的颜色是有区别的。所以，在老城区修缮保护时综合考虑了很多因素，并没有统一采用拉萨传统建筑的窗户颜色。

由八廓街的修缮保护，次仁央宗想到了古建大院。2015年7月，她开始创作拉萨八廓街古建大院的故事，目前提纲已经列出来了。

此外，次仁央宗正在参与一个有关老拉萨的历史纪录片，还在着手准备关于西藏贵族家族史的东西。

作为一名学者，次仁央宗特别希望，在重视藏族文化时，也应该多去关注藏族神话故事。"好多人说，藏族的历史都在神话中，不可靠。错了，如果你不去了解这些神话的话，你就根本不懂藏族文化。神话故事就是从藏族文化中演绎出来的，很多都是实实在在的东西。不像很多人所说的没有价值。"她希望在关注西藏经济发展的同时,对文化的发展更重视一些。

次仁央宗说,无论是出书写文章,还是讲座,她都是在自觉传播藏族文化。"其实之前听到很多人问我,你们西藏在旧社会时吃什么,我很生气。现在不生气了,我觉得我们应该多一些耐心。"

"希望全世界都爱上西藏。它有那么蓝的天、那么白的云、那么闪烁的星光、那么皎洁的月亮,还有那永远没有污染的笑容。你看看他们的眼神,无论老人还是孩子,永远那么透亮。"次仁央宗说,"恨不得把西藏最美好的东西灌输给别人,就像植入广告那样。"

在"家"中迷路

对于次仁央宗来说,尽管她已经在北京生活多年,拉萨仍然是她的家。但就是在自己的"家"中,她现在竟然会迷路。

"我常常回拉萨,今年已经回去三次了。拉萨变大了,以前脚步可以丈量,现在走不完。再说路标太多了,搞不清楚,我特别怕坐出租车,说不清楚地名,很容易迷失方向。"次仁央宗坦言。

对于拉萨的种种变化,在学者次仁央宗看来,也有不同的意义。

"过去甜茶馆是了解各种新闻的地方,现在微信也是这样。"次仁央宗说。她加了很多微信,学者的微信有,"驴友"的微信有,寺庙僧人的微信也有。他们分享的信息经常能给她不小的启发。比如,有"驴友"到八廓街发现了一个喝咖啡的地方。"我可能会想为什么八廓街这个地方会开咖啡馆,会有多少人?我肯定会去,肯定会问:旅游的人多,还是当地人多?这都是文化的一种变迁,很深的变迁。"她以一名学者的敏感来看待这种很多人习以为常、不以为然的小变化,从中延伸出一种文化的演变。

作为拉萨人,拉萨更多的变迁,次仁央宗是看在眼里的。

以前,次仁央宗每次从北京回拉萨,都带一堆东西回去,特别是瓷器,每次行李都超重很多。现在再带东西回去分的时候,亲友们都不屑一顾:"你带的这些东西'OUT'(过时)了,拉萨卖的瓷器又便宜又漂亮。"拉萨物资的丰盈程度早已超出了次仁央宗的想象。她印象最深的是有一次花了700多元钱给弟媳买了一套西服,结果弟媳说:"700多元,我觉得花得太冤了。你在拉萨百货随便买一套衣服,500多元,比你这还好。"

次仁央宗说，她现在的梦想是在拉萨或北京开一个书吧，里面可以喝咖啡、甜茶，每周做一两次讲座。当然最重要的是要有书，关于西藏的各种各样的书，她说："我有很多书，想让年轻人看。"

本文作者：翟新颖

原载中国西藏网（2015 年 7 月 30 日）

韩书力:40载春秋画坐标

40 年前,为筹办西藏自治区成立 10 周年成就展,韩书力有机会来到西藏展览馆工作。作为一名美术从业者,求索奋斗了整整 40 个春秋,他经历、见证了西藏的历史进程。

"今年是西藏自治区成立 50 周年,我个人的艺术生命和自治区成立是有关联的。"西藏美协主席韩书力感叹道,"那时的西藏展览馆美工力量不够,从内地和其他地方借了一些美术工作者。这样的机缘让我和西藏结下不解之缘,这一走进就为了艺术心甘情愿求索奋斗 40 个春秋。"

经历者、见证者与受益者

韩书力初到西藏,就被这里的美和藏族人民的淳朴、厚道深深吸引。遥想当年,抱着信念与理想,他义无反顾地奔

韩书力在绘画创作

向祖国的边疆，与西藏百姓融合在一起，与悠久神奇藏文化叠印，与圣山神湖相依相伴，生活在这片土地上40年。韩书力说："我只能算是近40年西藏历史进程中的经历者、见证者与受益者，特别是文化艺术方面的发展，我只是以美术从业者的眼光来认知与判断西藏文化，自愿加盟成为西藏文化之旅的一分子。其实20世纪60年代初，我的老师们就先后到西藏采风，深入生活，我最先是通过他们的作品认识西藏的，说实话那种认识是理性的。"

1973年，韩书力有缘到西藏以后，感觉西藏的美术有突出的特点,本土画家和当代的绘画艺术距离比较远。"我记得西藏美术老专家强巴老师、益西西饶、昌都的洛松喜热老师,他们都是从20世纪50年代起对现代绘画进行局部探索,这是对西藏唐卡和壁画艺术的改良、创新,是对现代绘画的思索。那时还没有形成西藏藏族画家整体的文化创新的氛围。六七十年代西藏的美术队伍只能算是初具规模,随着国家的政策开放,随着民族宗教、文化政策的一步步贯彻落实,特别是中央五次西藏工作座谈会的召开,西藏经济、社会得到全面进步,西藏文化美术队伍汉藏融合,绘画也随着发展开辟了汉藏文化元素的途径,形成了独具一格、丰富多样的画风,拓宽了西藏绘画的艺术语言。"

　　西藏给了韩书力无与伦比的美的意境,西藏人文与自然环境的和谐统一,为艺术创作提供了自由驰骋的空间想象力。40年间,韩书力不仅带来了深厚的中原文化底蕴,同时也满怀激情地投身到雪域高原的高山大川,视雪域大地传统文化为老师,走访无数农牧区和大大小小的寺院,虚心求教,舍弃了许多俗物俗趣,低调故而能耐得住寂寞。对西藏传统艺术的考察、研究、借鉴、孜孜以求,使他一次次踏上高原漫漫之路,投身于西藏民间文化的广阔天地,在发现与感悟中积蓄着力量,在西藏文化的高天厚土中深深扎根,在高原的大地上,描绘追求大美的西藏。其间,他经历了生死考验,感知了文化与艺术的双向吸收和融合。没有花言巧语,以自己对雪域净土的真情实感,他最终确立、发展西藏绘画的艺术灵魂根性,形成了当代西藏绘画独特的艺术风格。他结合了汉藏绘画创作的多种形式,使汉藏文化元素融合得相当完美,创造了汉藏绘画的辉煌成就。

带领西藏当代美术"走出去"

在西藏40年,韩书力培养了巴玛扎西、阿旺扎巴、次旦久美、边巴等一大批藏族画家。他全心全意勤恳发现和培养创作人才,对传统民间艺术做长期深入的调查研究,从中发现藏族美术古往今来的艺术经验。以独特卓越的审美趣味和文化取向,使西藏当代绘画在其萌芽时,就拥有沃土,有所依靠,这是西藏当代美术能持续健康发展的基础。20世纪90年代,"走向全国、走向世界"的口号在社会各界唱响,韩书力在极其简陋的条件下,依靠极少的人力、物力、财力,使西藏当代美术以其独特的艺术风采,实现了"走出去"的愿望。西藏艺术家个性鲜明的多样化风格得到了展现,形成了西藏美术群体崛起的可喜局面。西藏画家以书力为榜样,纷纷携带作品走出国门与世界对话,与当代艺术潮流融

韩书力美术作品

汇对接,为想了解西藏的人们送去了惊喜。西藏当代美术以自己的方式改变了外界对西藏的习惯看法。韩书力的水墨画,形象地表达了跨世纪以来西藏美术的状态。可以说韩书力就是西藏的"招牌画家"。2004年中国美术馆隆重举办了西藏当代绘画邀请展"雪域彩练",2011年北京民族文化宫再次举办盛大的西藏当代绘画邀请展"大美西藏"。经过深入思考、艰辛的创作实践,西藏画家们再次有机会向社会展示他们潜心创作的崭新艺术面貌,使西藏美术确立了"出人才出作品"的历史目标,可谓功德圆满。

当大家透过韩书力开辟的"非常视窗"向西藏张望时,可以看到在别处难得一见的西藏山川、人文风采,可以领略西藏文化之旅一分子的独特发现。他不是探险家,却历尽艰难险阻;他不是旅行家,却走上一条漫无止境的路。他在广袤的高原大地上,在圣山神湖之间踽踽独行,做着散淡的心灵之旅。当被问及云游历练的心得时,韩书力答曰:"善取不如善舍!"俨然有"从心所欲不逾矩"的大气象。欲知其中奥妙,还需从他创作道路的拓展,创作心路的嬗变中寻觅。

百幅唐卡工程"发现"中青年艺术家

"习近平主席去年文艺座谈会的重要讲话,我觉得对西藏美术界来说是很难得的春风。近三年来,在自治区党委和政府落实关于文化繁荣和强区文化创新部署下,自治区宣传部领衔策划了百幅唐卡文化工程,我认为这就是一个看不见的抓手,能够非常好地整合我们藏族画派的力量,整合我们人才的力量,是一个集中的文化工程,把大家都凝聚起

韩书力美术作品

来、吸引起来。现在已经有 150 件作品了。"作为西藏美协主席，韩书力说："我作为一个在西藏工作多年的老美术工作者，特别想表达或者分享的是，通过这个工程收获了一大批成果，就像发现了新大陆一样，发现了当代的中青年藏族民间画师、民间艺术家，他们的艺术潜能、艺术主题华丽转身，大大地超出了我本人的预知。他们从神本主义的主题转变成人本主义的主题,这不仅仅是社会进步,也是人类文化事业中需要关注、需要好好研究的文化议题,也是我们当代美术需要深入思考、需要深入研磨、需要好好探讨的艺术变革。我很震惊,也很幸运,在即将退休的时候还能够有幸参与这个文化工程,看到非常优秀、非常有潜质的藏族艺术家。"

对于百幅唐卡工程,也出现了一些质疑声。对此,韩书力谈道:"这三年来我收到了各种各样的质疑。有些是担心能不能完成,有些是担心会不会把传承得很完美、认知度很高的艺术形式给破坏了。我觉得大家都非常有责任心,有责任感的同志才会提出这些质疑。现在自治区内外有机会看到作品的人,专家也好,专业人士也好,还有中国美协系统的领导同志,看了以后都毫无功利性地客观表态,我们自己也觉得这个事儿可以让组织放心,可以让关心这项工程的读者放心。我个人认为这批画可以'走出去',没有什么障碍。去年和前年我随同国家民委代表团到欧洲、美国考察,在巴黎的吉美博物馆进行了很深入的学习和考察。我认为这批成果在国内外都不会'打哑炮'的。"

韩书力说,西藏的艺术水准应该是"唯新、唯唐、唯美"三唯的要求。"我个人认为,多数作品达到了这个要求。在审美高度、摸索探索、创新上,我认为作品基本达到了文化水准和审美标准。我是艺委会的主任,只能用比较中性的词汇,中国文联、中国美协对咱们的作品应该会肯定。"

40载春秋,一个美术青年逐步找到自己的艺术坐标。韩书力坦言自己不仅仅是西藏当代美术的加盟者,更是西藏文化艺术的受益者。他认为自己没有离开过西藏,并在这里最终找到了自己的表现领域,这是十分幸运的事。

本文作者:王淑

原载中国西藏网(2015年8月21日)

平措扎西:"世俗西藏"的解码人

在西藏,有这样一个名字与藏地民俗和故事紧密相连,他喜欢去甜茶馆里边喝茶边找素材, 听大家讲发生在身边的事,然后将其艺术化地展现于舞台。他就是西藏相声小品创作的领军人物——平措扎西。

平措扎西出版过一本书,叫《世俗西藏》。在书中,他将藏族的民俗文化镶嵌进每一页的字里行间, 述说给那些心怀西藏情结的人。如果问他创作之源何来,他会告诉你:"是我从小生长的这片土地和这里的风土人情为我解开了西藏世俗文化的密码。"

思想情感编织"世俗西藏"

"来西藏的人越来越多,个中高手走马观花,几月便成书,却大多直观而徒有其表。这里的生活、习俗和故事是要

西藏相声小品创作的领军人物平措扎西(王淑 摄)

到人们心灵深处去挖掘和发现的，这才是我要深究和表达的。"西藏的民俗，西藏的故事，对平措扎西来说，是黑色牛毛帐篷里传出的古老歌谣，是悠悠茶香中品味出的风土人情……

平措扎西生长于后藏，深厚的民族文化底蕴、丰富的生活经历给了他一双洞察微毫的双眼，即使是司空见惯的小事，在他看来，也有着说不完的故事。一个动作、一个表情，抑或一个习惯背后隐藏着哪样的寓意、哪样的感情,他了然于心。于是,当这些背后的故事以他的视角和感悟被表达出来,西藏那层神秘的面纱被轻轻地揭开了,呈现在人们眼前的西藏,便是那般真实得好似近在眼前,触手可及。

"作为藏族人,这里是我生长的地方。这里的各种生活细节给了我很多提示,这是经历和生命赋予我的独特视角。"在探寻本民族的世俗故事途中,平措扎西也找到了自己的归属和定位。

如果说生长环境在平措扎西的生命中刻下了高原的天然印记,那么一路走来,是他对本民族民俗文化的追根溯源和精益求精最终成就了今日的《世俗西藏》。从饮食到服饰,从人物故事到高原生灵,它为世人推开了一扇探求真实西藏的门。

"关于西藏民俗,有太多故事要写,这不仅需要敞开自己的知识储备,还要大量下乡采风,一些当地老人的讲述是最真实、最鲜活的素材。比如喝青稞酒前为什么要弹三下?通过了解茶、青稞酒、灶具、灯具等物品的发展,我力图把这些跟生活中的故事联系到一起。我懂得的,可以做出解释;我不懂的,则请教知情人。"平措扎西就是这样,将西藏的世俗文化一点一滴地整合,再完整地呈现出来。

西藏相声演员土登表演平措扎西写的剧本(图片来源于网络)

市井逸事成就艺术精品

对藏族文化与生俱来的敏锐和感触，使平措扎西具有了将飘散在高山流水间的民俗文化精华浓缩于舞台的能力,他见证着新型文娱形式在百姓之间的影响和发展。

"将藏族的幽默运用在新的艺术形式中,并在晚会中呈现,大概用了二十多年的时间。老百姓关注度很高,都很喜欢。每当临近藏历新年,大家都会问:今年晚会有几个相声小品? 你创作了几个? "平措扎西说。相声小品在农牧区特别受欢迎,一般不超过 15 分钟的节目,在那里可以无限延

233

长,演半个小时、40多分钟都可以。

"西藏的小品刚开始时不太成熟,老百姓刚刚接触一个新的事物,即使写得不太成熟,艺术水平没有那么高,但还是能受到较为广泛的欢迎。现在听得懂汉语的人多,电视台多,节目多,相声小品如果没有新意的话,观众会选择马上换台。"作为曲艺创作者,平措扎西备感压力,但仍不减创作热情和追求。他坦言,观众文化水平、欣赏水平提高了,我们的作品质量必须也要提高。十八大以后,随着政府投入的增加,整个藏区文化发展得很快,各县都有民间艺术团,跳舞、唱歌、演小品等各种形式在各地盛行,这是文化繁荣的表现。现在的关键是除了继承传统的文艺形式外,一定要有创新。

"生活是创作的源泉和根本。写不出好剧本的时候,平措扎西就去甜茶馆里边喝茶边找素材,听大家讲身边的故事。西藏的老百姓不善于文字表达,更多的是朋友聚在甜茶馆里,人与人以面对面讨论的形式来交流,山南海北地吹牛侃大山。正是这些市井逸事,成为舞台上鲜活的题材和人物故事的原出处。真实的表达方式,入木三分的雕琢刻画,使平措扎西的小品和相声受到百姓的热烈欢迎。

"形式是幽默的,没有笑料不成喜剧小品。但笑过之后还要有思考,发人深省,给人启迪。"平措扎西的作品也在潜移默化中影响着百姓:《文物的呼声》告诉人们要保护传统文物;《醉鬼拉巴拉》让人们认识到喝酒会耽误很多事情;《书吧趣闻》呼吁社会要成为学习型社会,要多看书,看好书。他说,要幽默并有文化内涵,让观众觉得喜闻乐见,方才成功。

　　谈到未来,平措扎西仍然坚持用文学的形式介绍西藏,通过作品,津津乐道地讲述他眼中真实的"世俗西藏"。

本文作者:王淑

原载中国西藏网(2015 年 7 月 16 日)

叶星生:醉在西藏,痴了收藏

1961 年,13 岁的叶星生随身为十八军军人的父母进藏。如今,他从事西藏艺术创作、研究、收藏已达半个世纪,为民间文化遗产的抢救保护做出了突出贡献。他是西藏发展、变化的参与者,也是见证人。叶星生说,这是他与西藏的缘分。

"邮票是三天前刚刚改完的,明天就要开机印刷了。"2015 年 8 月 10 日下午, 叶星生在电话里向中国西藏网记者透露,这套为西藏自治区成立 50 周年设计的纪念邮票预计于 9 月 1 日在拉萨举行发布会。

年近七旬的叶星生,有着画家、收藏家、藏学家等众多身份。"我是以画家的眼光来搞收藏,有了藏品便搞研究,研究的成果又来滋养绘画。三者相辅相成、循序渐进。"他说,"这一切,都源于西藏对我的滋养。西藏的人和事、西藏的文

叶星生(胡青 摄)

化,让我醉倒了整整 50 年。"

我有两个藏族爸啦

在叶星生画院一进门的右侧墙上,有一幅名为《情系山茶花》的画作,略显陈旧斑驳。那是当年 11 岁的叶星生画给远在西藏的继父的第一幅画,上面写着"让西藏建设得像鲜花一样美丽"几个字。"这幅画当初是我寄给爸啦的慰藉与希望,后来他又连同画中的希望转赠给了我, 这幅画陪伴我在青藏高原度过了童年、青年、中年,至今已有半个多世纪了。"

叶星生的继父是藏族人, 也是第一批进藏修路的十八军战士。叶星生说:"当时的条件很艰苦,也很危险,但他还是通过书信来教我写藏文字母,对我产生了不小影响。"从小就跟着继父吃糌粑、说藏话的叶星生,对藏族生活方式并不生疏。1961 年,追随着父母的脚步,他来到西藏生活。

1966 年, 参加工作不久的叶星生被安排参加工作组,住到拉萨柳霞大院一位以放牧为生的孤寡老人波查色的家里。"那是一个不足十平方米的小屋,一进门就是厨房,堆满了木柴与牛粪,一做饭,满屋烟尘缭绕。就算面对面,也看不清对方的模样。"

"他用牛粪饼烤出的馒头片,内软外焦,香极了。"在与波查色老人同吃、同住、同劳动的一年多时间内，他俩结下了深厚的感情。"他喊我'布古'（孩子），我叫他'爸啦'。"

叶星生曾为波查色画过一幅速写，老人面色黝黑、正襟危坐。"那就是他平时的样子，少言寡语。"离开柳霞大院时，老人把自己身边唯一的财物——一个薄胎古花瓶送给了叶星生。"后来我回柳霞大院打听过，但谁也不知道他的下落。"

回忆往事，叶星生感慨不已："这两位爸啦一直都在我心里。"

把半辈子的收藏品都捐回了西藏

叶星生说自己有收藏家的"臭德行，眼神儿特贼"，看到好东西就挪不开脚，"刚开始收藏时，工资只有二三十块，就经常打白条"，有时也从内地给他们带塑料布、的确良、半导体收音机作为情感回馈。

"人人都叫我嘉措，知道我收藏好东西，也知道几乎家家都挂的《布宫祥云图》是我画的。"从 20 世纪 80 年代起，叶星生就是拉萨八角街上的名人了。"藏族兄弟信任我，多贵重的东西都敢让我拿走，他们经常说，除了老婆不能给，什么都可以拿给嘉措，把东西放在他这里不会出问题。"

几十年间，叶星生收藏了无数精美绝伦的唐卡、精雕细

叶星生向中国西藏网记者介绍自己50年艺术展的部分作品,图中上方即为他第一幅作品《情系山茶花》(胡青 摄)

琢的佛像、神秘莫测的法器、难得一见的远古生活用品……"好多藏品都是历代罕见的珍品、孤品、绝品,可谓是西藏之魂,说其是价值连城、无价之宝都不为过。"

"收藏可以把一个人搞得很穷,对于收藏家来说,百万、千万都是小钱。我作为一个文化人,靠卖画、设计来维持收藏,太可怕了。有这个嗜好,我永远过不上富人的生活。"

可面对自己钟爱的西藏民间艺术珍藏,叶星生又觉得自己是精神上的贵族,是民族文化的守望者。1999年,叶星生一次性将2300件藏品捐回西藏,其中一级文物22件、二级文物 43 件、三级文物 100 件。 2003 年,他又将一级文物《马头明王堆绣珍珠唐卡》无偿捐回色拉寺。"这些文物身上,有着藏文化的精髓,它们应该回到西藏。"

困惑时,西藏给了我一个答案

今年 3 月份,叶星生接到了中国邮政请他为庆祝西藏自治区成立 50 周年设计纪念邮票的委托书,他毫不犹豫地就应了下来。"这件事,对西藏、对我自己,都非常有意义。"叶星生一再袒露心声,"半个世纪,西藏在我心中萦绕。如果没有西藏,也就没有我叶星生。"

"4 月份开始准备设计图,我来来回回改了好几稿,过

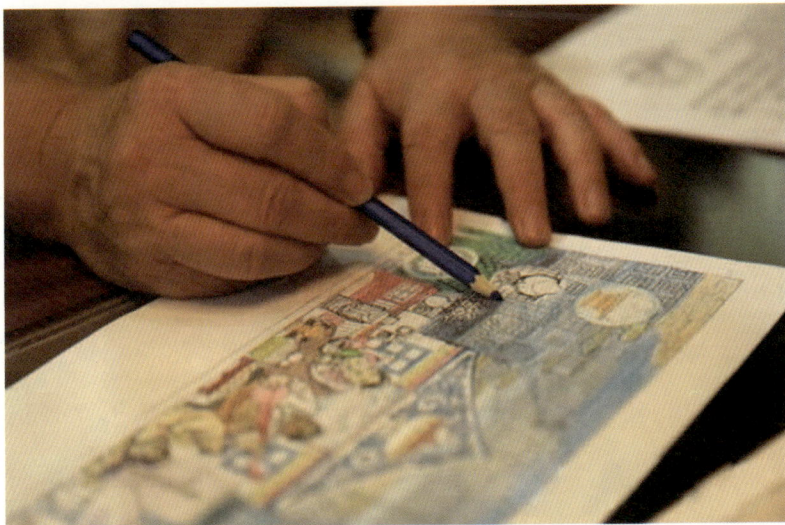

叶星生在画院为邮票设计图着色(胡青 摄)

241

程还挺曲折的,内容也做了改动,当然,这版是最满意的。画稿完成后,7月中下旬就交付印厂了。"叶星生拿起标注着修改意见的图纸说:"这三枚邮票是宣传西藏的一套名片,要禁得起推敲。"

作为西藏和平解放60周年纪念邮票及首日封的设计者,叶星生追求更为完美的设计与情感表达。"起初我想从自然景观、能源、安居工程等方面来展现西藏的发展变迁,整个画面是没有人物的。我在反复琢磨,并与西藏自治区宣传部多次沟通后,想法发生了变化,设计名称改为'美丽西藏、和谐西藏、幸福西藏',版式也由竖变成了横。"他说。这是一个大创作,叶星生在修改过程中也会遇到困惑。

"和谐西藏"是这套邮票中的第二枚,"好像怎么画,都达不到想要的那个效果。还挺沮丧的"。在那个辗转反侧的晚上,叶星生直到凌晨3点多才入睡,"忽然就梦见在色拉寺捐赠《马头明王堆绣珍珠唐卡》的那个场景,鼓乐齐鸣,经幡和哈达漫天飞舞……"清晨6点,叶星生起床后直奔画院,完成了这枚邮票的创作,画面中,白色哈达幻化成雪山融入江水……"主题一下就鲜明了。"

说到此处,叶星生兴致颇高地拿出了当时绘制的草图和记录下的文字。"我从来都没那么早起过床,也没有那么兴奋过。"他双手合十，"感恩西藏，每次在困惑时，西藏都会给我一个答案。"

10月国博讲述西藏50年变迁

1962年，时为拉萨中学第一位汉族学生的叶星生跟随原十世班禅宫廷画师西洛老师学习藏画，从此和西藏及藏族民间艺术结下了不解之缘。此后50多年间，叶星生走遍西藏，创作了一系列不同风格的作品，获得无数赞誉。李苦禅大师在84岁高龄时，也曾为他题过"藏派丹青前途无量"的大字。

两年前，叶星生忽然萌生了一个想法："举办一场展览，作为我从事西藏艺术工作50年来的工作总结和汇报。"今年10月，他的想法将在国家博物馆一个大约1500平方米的展厅内呈现。

"我什么都可以舍弃，唯独这些作品、藏品和手稿让我紧紧抱在怀里，在风雨中艰辛跋涉。"为了这场展览，叶星生从近万件手稿、作品、藏品中，精心挑选出300多幅老手稿，同时，也进行了一些新的创作。"它们身上都有着历史的痕迹，见证了西藏的发展变迁。"

在他的画笔下，能寻觅到当年红旗公社、毛纺厂、火柴厂、点心厂、地毯厂等的往昔印记。在他看来,不管是现在看来都不羞愧的、历时 5 年创作的人民大会堂西藏厅主体丙烯壁画《扎西德勒图——欢乐的藏历年》,还是偶然画成的《赛牦牛》,以及藏区家喻户晓的《布宫祥云图》,"都归功于西藏人民"。

叶星生说,自己的 50 年,与西藏发展变迁的 50 年是同步的,"就让这些带着岁月风尘、时代烙印的作品讲述那些悠远的往事吧!"

本文作者:冯登宁

原载中国西藏网(2015 年 8 月 12 日)

多吉顿珠：
雕刻时光的唐卡领军人

多吉顿珠，全名年叙·多吉顿珠，是一位既普通又不平凡的唐卡画师。

说他普通，是因为他数十年如一日坚守画室，追寻自己的艺术梦，过着普通的画师生活；说他不平凡，是因为他不守旧、敢于创新、自成一家。

同时，多吉顿珠还积极涉足文化创意产业领域并成为其中的领军人物。国家有关部委颁发的"2011 年中国创意产业领军人物奖"的颁奖词这样评价他：年叙·多吉顿珠多年来带领拉萨岗地经贸有限公司在唐卡的制作和推广领域不断耕耘，在综合西藏各家唐卡画派的基础上，博采众家之长，创立了多派唐卡风格，为唐卡艺术的新发展做出了重要贡献。

见到多吉顿珠，是在"最长的藏文书法长卷"——《西藏历代藏文书法字体精华汇编》入藏布达拉宫的仪式上。

图为正在创作中的多吉顿珠(魏山 摄)

出乎意料的是,这位被称为"唐卡领军人物"的大师,只有 47 岁,而且看上去比实际年龄还要年轻许多。他有着康巴汉子典型的匀称体形和俊朗面孔, 也有着高原人的纯朴随和淡定,甚至还有一点点羞涩。

然而,说起唐卡,多吉顿珠的眼睛顿时亮了起来,眼神中既有喜悦,又有创作者那种特有的自信和笃定。

他说,尽管现在已经拥有不少头衔和职位,但生活中自己更愿意待在画室里,每天画画,才觉得舒服。

唐卡的独有魅力抑或家族的熏陶,为其播下了艺术种子

"我生在康定,9 岁就去寺庙当小和尚了, 到了 13 岁,就跟着舅舅去学画唐卡。"

不过，按照多吉顿珠的说法，他真正爱上唐卡这门艺术，却是在 22 岁的时候。

那是 1989 年，从寺院还俗后到四川省藏文学校当老师的多吉顿珠，因为藏文水平高，被派到四川德格县印经院做《大藏经·甘珠尔》等古籍的校勘。

"那个藏经的房子是'文革'时期就封死的，1989 年我们才把它打开。在那里面，我很意外地发现了几幅 300 年前的木刻版唐卡，实在是太漂亮、太漂亮了。"多吉顿珠说到这里时喜悦难以言表，让人不难想象他当时爱不释手的样子。

尘封多年的唐卡，激活了多吉顿珠深藏的艺术细胞。从那时起，唐卡开始超过藏语文、藏文书法，成为多吉顿珠最痴迷的事情。

"或许，这就是我的命运。"寺院 10 年，学习唐卡绘画的童子功，让多吉顿珠更为迅速地领悟了这门艺术，也腾出更多时间去涉猎、研习东西方各种绘画技法，最终融会贯通，创作出自己独特的风格。

而在多吉顿珠的师生、朋友们看来，他的唐卡造诣，在家族传承中就能找到根据与线索，但多吉顿珠对此却只是笑而不语。

多吉顿珠出生于康巴地区著名的年叙家族。据记载，年叙家族历史古老，世居木雅地区（大致是康定以西、雅江以东、道孚以南、九龙以北、丹巴西南这一片地区），人们习惯上称这里的藏族为木雅藏族，其是康巴藏族的一支。

年叙家族是木雅地区藏族传统世家，历史上曾经转世过50余位活佛，其中著名的有不丹王国第四代国师年叙·加旺尼玛、活佛年叙·钦绕威色、班智达年叙·贡觉朗杰。同时，该家族还涌现出许多在西藏乃至中外闻名的学者、专家，其中著名的有《西藏宗教艺术》《藏族文化中的佛教象征符号》的作者扎雅·罗丹西绕活佛、《汉藏大辞典》编委年叙·钦绕威色、古建筑维修专家年叙·坚赞活佛，以及著名学者年叙·降央扎巴活佛等。

然而，无论是来自唐卡的独有魅力还是家族的熏陶，这已不再重要，重要的是在多吉顿珠心灵中播下的艺术种子，在发出嫩绿的新芽并开出馨香的花朵后，也便注定了他将要一生前行不止的艺术轨迹。

唐卡不仅仅是宗教的传承，更是世间人性的艺术

"西藏唐卡是一个响亮的词语，但世人并不明了她真实的意义，永乐佛、天珠、南红、珠串，只是西藏撩拨世人的风情,唯唐卡展现着藏民族延绵千年的传承与梵唱……"

曾任文化部常务副部长、中国文学艺术界联合会党组书记的高占祥对唐卡曾发出如此的感慨。

唐卡作为藏传佛教文化艺术的独特形态,曾几何时,制作唐卡本身就是一件禁忌重重的宗教仪式。画唐卡时,要施主念经、给寺庙上供,或者给穷人布施,僧侣或上师要为画师的作坊、画材和工具祈祷。在祈祷声中,画师将被智慧之神——文殊菩萨附体,如果所画的是本尊或护法神,僧侣还要为画师举行密宗入门仪式。唐卡制作完成之后,还要举行开光仪式。

不仅如此,唐卡制作对画师也有着严格的道德标准和宗教要求。比如,画师应该是谦虚、和善、寡欲、忠诚、正直的中青年,并且制作期间严禁吃肉喝酒等。同时,绘制不同的神灵时,画师所坐的方位也有严格的规定。重要的唐卡颜料还要加入从宗教圣地(如纳木错、冈仁波齐等)采来的水土等。

然而,出身宗教世家、研习佛理多年的多吉顿珠却认为,宗教是有仪轨和界限的,但艺术却没有。唐卡不仅仅是宗教的传承,更是世间人性的艺术。绘制宗教唐卡当然要尊重传统,但除此以外,作为艺术创作的唐卡,也必须作出艺术的创新和融合。

"我画过弥勒,画过观音,画过妈祖,还画过习近平总书记和普通老百姓。其实,唐卡自古就是画师们的一种记录方式,不仅仅是宗教内容,平民生活的点滴都可以入画。现在,只有创作更丰富的题材,才能让唐卡被更多的人、不同文化背景的人所喜爱和享用。"多吉顿珠说。

身处唐卡创作前沿的多吉顿珠,比旁观者更清楚她的前世、今生。于是,一场悄无声息的艺术"突围战"开始了。他要找出一条能为多数人接受,既不失传统本色、又不偏离现代人审美观的唐卡艺术之路!

"既是为了唐卡,也是为了自我的解放。"多吉顿珠说,"历史发展到某个阶段,执着的坚守固然难能可贵,但创新和发展才是永恒不变的主题。"

1996年,多吉顿珠在四川创办了多康唐卡画院。1998年,他将画院迁至拉萨,并改名为"拉姆拉绰唐卡画院"。他一边积极寻访各派名师,研究不同流派的技法和风格,一边真诚邀请大批行家,扩大画院规模,寻找唐卡艺术的新路径。

"离开了传统文化,就如同失去了艺术创造的根基,但脱离了公众审美情趣也同样意味着失去了未来发展的方向。"多年来,多吉顿珠以画院为基地,在广泛汲取传统文化"营养"的基础上,和其他画师一道,尝试整合唐卡流派元素，使其和谐统一，不断发展噶玛嘎孜绘画的材料技法，将世俗内容纳入唐卡创作的范围之中，并在形式上大胆追求优美高贵、色彩明亮、造型大方的艺术特色，努力寻找到一种新的创作出路。

宝剑锋从磨砺出，梅花香自苦寒来。历经十余年，多吉顿珠结合当今唐卡艺术的发展变化，融合各家之长，在唐卡创作中逐渐形成了自己的风格，一种被称为"多派唐卡"的新唐卡进入了人们的视野。

"多派唐卡中的'多'，既是多吉顿珠名字中的'多'字，更是为了体现这个流派的艺术风格、技法、题材的'多'元化特点。"多吉顿珠解释道。

多派唐卡在传承古法的基础上追求创新，从现代审美标准入手，将世俗内容纳入创作之中，实现了从图像制作到艺术创作的转变。多派唐卡不仅得到了业内人士的肯定，同时还得到了社会公众的认可，成为唐卡艺术品市场上的新宠儿。在2013年的深圳文博会上，拉姆拉绰画院创作的唐卡《五方佛》以200万元的高价被收藏者买走，使多派唐卡一时成为公众舆论关注的焦点。

现如今，多派唐卡声誉日隆，为国内外画界所认同，被誉为近百年来藏区最重要的创新流派，其创作团队也已近百人。除多吉顿珠外,以嘎玛嘎孜第二十九代传承人、西藏一级唐卡画师、多派唐卡首席画师丁嘎,西藏二级唐卡画师、多派唐卡绘画导师斯朗觉丁,以及多派唐卡绘画导师才让为骨干,分别代表了老中青三代的画师传承。

带领团队突围,全力实现文化产业梦

随着"西藏热"近 20 年以来的持续升温,特别是在 2006 年被列为我国第一批非物质文化遗产保护项目后,唐卡作为"藏文化"的符号获得了更加广泛的社会知名度并开始在市场上走俏,唐卡画师逐渐进入了公众的视野。

然而,如何在这种背景下进一步推动唐卡艺术的发展,如何整合唐卡的文化艺术价值,如何寻找一种恰当的当代表达方式,如何通过唐卡弘扬传统的藏族文化并能为当代人广泛接受,成为当代很多画师关注和探索的命题。

对此,多吉顿珠有自己的认识:"让唐卡既能登大雅之堂又能为普通群众所接受,使唐卡在推动文化交流中发挥积极作用,就必须走产业化之路。"

正是有了这样的认识,多吉顿珠再一次实现华丽转身,成为一名有担当的企业家。

图为多吉顿珠正在讲解多派唐卡的艺术特点(魏山 摄)

　　10多年前，年叙·多吉顿珠创立了拉萨岗地经贸有限公司,并使其从初创时仅有30多万元启动资金发展到拥有固定资产几千万元、员工数百人的大型文化产业公司。当前,该公司在拉萨市达孜县工业园投资兴建占地1000亩的吞米岭·藏艺博览园,这正是为了更好地弘扬和发展多派唐卡艺术和西藏传统文化。

　　多吉顿珠告诉记者,该项目已被列入拉萨市"十二五"发展规划及拉萨市旅游规划重点项目,将围绕西藏非物质文化遗产保护与传承基地、西藏文化创意旅游及特色休闲消费基地、西藏非物质文化产业孵化基地、西藏低碳旅游示范基地、西藏非物质文化教育培训基地等进行建设，同时具有影视拍摄等多重外延功能。在这个示范基地里，游客还可以方便地参观多派唐卡的整个绘制过程，完整体验多派唐卡的独特魅力。

"在文化大发展大繁荣的今天，在人们的审美观念呈现多元化的世界里，多派唐卡的出现不仅仅是应时而生的产物，更是符合当今文化大发展大繁荣要求的时代产物，具有一定的历史必然性。60多年来，尤其是改革开放以来，党中央、国务院高度重视西藏文化的保护和发展，投入巨大的人力、物力、财力，倾力保护和弘扬西藏优秀传统文化，使西藏文化得到了前所未有的保护和发展。而多派唐卡正是在这样一个大环境中，破土而出，开花结果的。"多吉顿珠深有感触地说，正是在这样的时代背景下，在各种优惠政策扶持下，才实现了他的文化产业梦想。

本文作者：魏山

原载《西藏日报》(2015 年 1 月 28 日)

大爱西藏

用爱心搭起"彩泉"之梦

——记拉萨彩泉福利特殊学校校长强巴遵珠

图为强巴遵珠老人(右二)正耐心地给年轻的学徒们传授西藏"蓝纸"制造工艺(格桑伦珠 摄)

他说他的爱是这个社会给予他的爱，他只是在回报，做一个感恩的人。他有三重身份：民间手工艺人、董事长、校长。

瘦瘦高高，穿着朴素，面目慈祥，笑容可掬。他就是藏纸技艺传人、拉萨彩泉福利特殊学校校长、拉萨彩泉福利民族手工业有限公司董事长强巴遵珠。

这位外表普通的藏族民间手工艺人在默默无闻的工作中，却有着要让西藏传统民间手工艺发扬光大、走出世界的远大愿景；同时还在默默践行着一个孤儿父亲、残疾人父亲、校长的角色，有着一颗最朴实的善心。

艰苦创业

1948年，强巴遵珠出生于拉萨，同许多出生在旧西藏的穷苦孩子一样，他没有上过正规的学校，只念过几年经文。

西藏民主改革后，强巴遵珠在拉萨一个文艺队里面工作。1960年，他被分配到了拉萨市城关区鞋业一厂，并开始学习制鞋的工艺。

在改革开放的浪潮中，厂里面一些比较能干的、有经验的年轻人都从厂子里面离岗，到外面去发展了，希望能够多挣一点钱。

"我当时觉得自己很有必要留在这个厂里面工作，既对得起自己的师傅，也有必要把民族手工业的振兴重任承担下来。那时留在厂里面的大部分人都是老弱病残以及妇女，所以我一直有一个想法：一定要既能把民族手工业发展下去，又能够解决这些人的温饱。"

1986年，强巴遵珠当上了拉萨市城关区鞋业一厂的厂长。接手之初，鞋业厂是一个烂摊子，生产工具简陋，产品单一，年产值不足5万元，利润几乎为零，厂房还是民主改革后政府分给的藏式旧房子。就是在这样艰苦的环境和条件下，强巴遵珠带领职工从头开始，艰苦创业。

十一届三中全会后，党的改革开放政策使企业迎来了前所未有的机遇和挑战。在机遇和挑战面前，他带领职工大胆地进行了一系列改革和创新，产品从单一的皮革制品发展到民族服装、鞋、帽、帐篷、唐卡、藏香和民族旅游纪念品等400多种，企业的经济效益逐年提高，生产的藏鞋、藏靴等产品深受西藏各族群众的喜爱。

爱心帮扶

强巴遵珠担任鞋业一厂厂长的几十年时间里，怀着一颗感恩的心关注着社会，关注着社会中的弱势群体。

"看到有许多孤残儿童没有学上、无家可归，许多残疾青年没有正当职业、流落街头……"这引起了他的担忧，触发了他的善心，他亲身体验过没有文化的痛苦，他认为没有文化就没有生存的本领，会成为社会的负担，会被社会淘汰。

1993 年，强巴遵珠将多年艰苦创业、省吃俭用积累的 40 多万元资金用来创办了西藏第一所专门收养孤残儿童、特困户儿童的福利特殊学校。他既担任厂长又担任校长，对入校的儿童实行全包教育，同时还传授给他们藏式绘画、民族服饰、唐卡、藏纸、藏香、木雕艺术等传统民族手工艺制作的专业技术。

1997 年，在党和政府及社会各界人士的关怀和支持下，强巴遵珠将城关区残疾福利民族手工业综合厂与学校融为一体，实行两块牌子一套人马，并在拉萨北郊兴建了 3700 多平方米的新校园，正式取名为拉萨彩泉福利特殊学校，并将原来的福利厂改制为拉萨彩泉福利民族手工业有限公司，由他担任董事长。

截至目前，强巴遵珠收养和资助的孩子共 280 名，这些孩子的吃、住、行、医和教育等方面都需要强巴遵珠来供养，对于年过花甲的他而言，兑现这份承诺就要付出比常人多出几倍的努力和汗水。

在这 280 名孤残学生中，已毕业、有可靠生活来源的画师 15 人，懂两种语言从事导游、翻译工作的 14 人，从事缝纫职业的 28 人，参军 1 人，被推荐到居委会当保安的 7 人，被转送到其他特殊学校的 10 多人。

正如强巴遵珠给学校取名为"彩泉福利特殊学校"一样,他全身心投入工作,为社会上众多残疾儿童铺就了一条通往幸福的彩虹路,让他们饮到了人间爱心的泉水。

传承技艺

藏纸是中华民族文化在青藏高原上的一朵奇葩,是藏族劳动人民克服青藏高原恶劣的气候条件和物产资源相对匮乏的不利因素,用自己的智慧和毅力创造的文化遗产之一。但是曾经一段时间藏纸在西藏已无人生产,市场上偶有出现的藏纸也是印度、尼泊尔等国家的产品。

说到藏纸,强巴遵珠与它的情缘还要追溯到很多年前。强巴遵珠 4 岁的时候,就被送进哲蚌寺出家,历经 8 年岁月,那些印有神圣经文的藏纸一直陪伴着他。因此,他对藏纸怀着一种痴迷和热爱。

藏纸的传统生产工艺濒临失传,强巴遵珠痛心疾首。他心中有一个念头,一定要挖掘和保护这门独特的技艺。

1990 年,强巴遵珠就开始充分利用自治区政府给予民族手工业企业的各项优惠政策,对濒临失传的藏纸制造技艺进行抢救,恢复传统的民族手工艺造纸技术,对其进行挖掘和保护,使这个古老的传统工艺得以恢复并传承下去。

他深入西藏的拉萨、阿里、日喀则等地搜集民间藏纸制作资料,千方百计寻师访友,目的是得到民间老艺人的真传。历尽千辛万苦,功夫不负有心人,他终于得到了藏纸制造的第一手资料。

他回来后又马不停蹄地参与藏纸的研发工作,经过无数次的失败,不断地总结经验教训,还派专人前往印度、尼泊尔等地学习藏纸的制造技术。

1993年,强巴遵珠和他带领的研发团队终于制造出独具西藏特色的传统手工艺藏纸,在这个基础上逐步研发出新产品藏纸、牛皮纸、彩纸、印花纸等数十个品种,为保护和传承西藏的民族手工业做出了应有的贡献。

本文作者:格桑伦珠

原载《西藏日报》(2016年1月20日)

德吉孤儿院：
每分爱都敲响幸福钟声

  德吉孤儿院位于拉萨娘热路。在藏语中，"德吉"是幸福的意思。说起这个德吉孤儿院和"德吉妈妈"，在拉萨可谓远近闻名。

  "德吉妈妈"名叫达珍，今年47岁，本是做烟酒批发生意的她，还经营着一家小茶馆。茶馆里常有一些孤儿，进进出出的孩子们都亲切地称其为达珍阿妈，达珍看到这些孩子，心里充满了怜爱与同情。达珍给孤儿院起名为"德吉孤儿院"，就是想让所有的孩子感受到"幸福"。

  2001年的一天，一个弃婴被放在达珍茶馆的门口，在没有人认领的情况下达珍收养了这个小孩。从那时候起她便萌生了开办孤儿院的念头并着手实施。当时，孤儿院只收养了十几个孩子，后来收养的孩子越来越多，其中也包括两个汉族小孩：12岁的江小丽和6岁的朵扎。孩子们都亲切

善良的"德吉妈妈"达珍(格桑美朵 摄)

孤儿院的孩子们在这里过着幸福的生活(丹珍卓玛 摄)

地叫她达珍阿妈。达珍从创办孤儿院到现在,收养的孤儿不分民族、不分地区,只要符合条件一律收养并细心照顾,将伟大的母爱无私地播洒在每个孤儿的心田。

温暖的德吉孤儿院

孩子们会干些力所能及的事情

　　德吉孤儿院有一栋漂亮的三层连体建筑,这里是300多名孩子的避风港,里面有教室、厨房、宿舍、图书室、仓库和娱乐室。每间宿舍摆4张高低床,孩子们的衣服整齐地挂在衣柜里,窗台上摆满孩子们亲手栽种的绣球花,生机盎然。

　　从2001年开办孤儿院以来, 达珍共收养329个孩子,很多孩子长大后都找到了不错的工作。"有的去了基金会工作,有的当了导游,还有一些孩子当了老师。"达珍骄傲地告诉记者,"我的'大女儿'卓嘎,今年25岁了,她离开家好几年了,现在是山南地区的一名高中英语老师。"达珍说,孤儿院成立后,她已将自己所有的积蓄投到孩子们身上。达珍的大儿子热丹负责给孤儿院的孩子们上课,教他们英语、电脑和美术。

母亲节临近,德吉孤儿院的孤儿每年都会写小纸条祝福达珍阿妈。热丹认为,对于母亲来讲,她的幸福正是来源于这些孩子,他们的欢声笑语是对母亲最大的安慰。作为达珍阿妈的亲儿子,热丹也想用自己的心里话祝福母亲:"我真的觉得妈妈很伟大,总是会让我们骄傲,我们永远支持您,永远爱您!"

孤儿院里的各族孩子能幸福健康地成长是达珍妈妈最大的心愿。看着孩子们在孤儿院里无忧无虑地玩耍嬉闹、跳皮筋、踢足球,记者由衷地替他们感到高兴。

本文作者:格桑美朵、丹珍卓玛

原载中国西藏网(2012 年 5 月 11 日)

扎西白珍:为爱守候 17 载

事迹报告会现场(加措 摄)

扎西白珍,一位平凡的藏族妇女,17 年如一日,悉心照料重病卧床的丈夫,任劳任怨,不离不弃,为了能治好丈夫的病四处奔走、寻医问药,展示了一段人间最朴实、最真实的爱。

2010年7月28日，全国孝老爱亲道德模范扎西白珍事迹报告会在拉萨隆重召开。扎西白珍的故事让不少现场听众感动不已。

贵族小姐为爱毅然离家，帐篷新房见证美好姻缘

扎西白珍出生在旧西藏的一个贵族家庭，家族的庄园位于墨竹工卡县拉龙乡，她的父亲在当地算得上大领主了。在童年的记忆里，扎西白珍是在父母的庇护和宠爱下，过着无忧无虑的幸福生活。

当年，十八军进藏，路过墨竹工卡县，就借住在她家的庄园里。那段时间，她和一名叫耿明祥的退伍军人相爱了，耿明祥自退伍之后一直在西藏交通局下属汽车队工作，是一名驾驶员。那时候，已到适婚年龄的扎西白珍周围有很多追求者，其中不乏家境很好的藏族青年，更有人直接去她家里求婚，都被她婉言拒绝了。当扎西白珍第一眼看到老耿，就知道他是她值得托付一生的男人，便毫不犹豫地选择了他。面对传统守旧的父母，她不敢提任何关于老耿的事情，直到结婚前家里才知道这件事。扎西白珍的父母无法接受自己最疼爱的小女儿竟背着他们同一个汉族司机私定终

身，在无比震惊的同时，坚决要求扎西白珍与老耿彻底断绝关系。

为了能和老耿在一起，扎西白珍不顾父母的阻挠，不顾哥哥、姐姐的劝说，毅然决然地离开了自己生活了二十多年的家，义无反顾地奔向了自己认定的幸福。没有正式的婚礼，没有家人的祝福，有的只是一顶帐篷、一张单人床、一个工具箱。但这个小小的空间里却充满着新婚的喜悦，那一张薄薄的结婚证书，成了她和老耿的唯一见证，将两颗炽热的心永远地连在了一起。

巧手主妇赢得亲人接纳，家庭和睦幸福富足

婚后的生活幸福而充实，扎西白珍从一个什么都不会的贵族小姐逐渐转变成一个能为生活精打细算的家庭主妇。婚后的第二年，他们生命中的第一个"天使"降临了，孩子聪明可爱，给他们带来了不少快乐，也在无形中化解了她与父母的芥蒂。父母开始尝试着接受老耿，看着可爱的孩子、老实的女婿，不再提过去的事情，接纳了他们一家。家人的认可解开了扎西白珍多年的心结。

可是，随着孩子们的相继出生，他们的生活也变得颇为拮据，当时全家每月的支出全靠老耿 63.83 元的工资，每一

角、每一分都必须精打细算,即便是这样也只能勉强维持一家人的温饱,偶尔家里有好吃的,扎西白珍都尽量让工作劳累的老耿吃。看着馋嘴的孩子们,她只能耐心地和他们说:"爸爸工作很辛苦,只有吃好了才能有力气赚钱给你们买更多好吃的。"

年幼的孩子们都很懂事地把好吃的留给父亲,而老耿却总是故意找些借口把东西推给他们吃。那时候日子虽然苦,但内心却是甜蜜的,夫妻相濡以沫,儿女乖巧孝顺,扎西白珍非常享受这样和谐美满的生活。

改革开放后,政府给扎西白珍在大昭寺附近分了一套房子,为了方便丈夫上下班,他们卖了那套房子,在老耿单位附近买了另一套房子,剩余的钱还买了辆出租车,做起了客运生意,每月的收入十分可观。一家人终于不用为钱而发愁了,他们这个六口之家真正过上了衣食无忧的日子。渐渐地,孩子们都长大成人,有了满意的工作、幸福的家庭,再也没有什么需要他们操心的了,今后等待他们的就是与儿孙共享天伦之乐的晚年生活。

丈夫重病 17 年,不离不弃展现人间真善美

在病魔面前人类是那么的不堪一击,健康硬朗的丈夫

突然一病不起，无情的诊断书彻底将扎西白珍打入了深渊，让他们原本美满幸福的家庭走向了困境。为了能让老耿得到最好的治疗，她倾尽了家中多年的积蓄，到最后不得不变卖家产以及父母留给她的珠宝首饰，带着他跑遍了拉萨所有的医院，还曾远赴内地大医院治疗。

但所有的努力最终还是徒劳一场，老耿的病始终没能得到控制，他只能回到家中等待命运的宣判。从此以后，丈夫坚实的臂膀不可能再让扎西白珍依靠了，她必须要代替丈夫撑起这个家，成为他坚实的依靠。扎西白珍告诉自己，为了这个家她要坚强地走下去。

老耿这一病就是 17 年。一开始的几年时间还好，老耿生活还能自理，在药物的控制下病情也没有恶化，扎西白珍只需要陪他去医院，按时让他服药，在家里做些家务而已。后来的 8 年，老耿的病情越来越重，终日卧病在床，她基本上全天 24 小时都陪在他的身边，不敢离开半步。再后来，老耿大小便失禁，为了不让爱干净的他感觉难受，扎西白珍随时都能为他换尿布、擦洗身子，进行细心照顾。

面对久病缠身的丈夫，扎西白珍的心里除了心疼还是心疼。17 年来，她每日坚持为丈夫按摩身体，还曾徒步十几里去墨竹县为丈夫抓藏药，医生和朋友都劝她不要那么执着，让一切顺其自然，扎西白珍却始终坚持自己当初的想法，坚信只要一起努力，总有一天老耿会好起来的。上天能让他们相识并且共同走到今天，就不会那么绝情地带走老耿，扎西白珍所做的努力为的就是能够治好他的病，让辛苦了一辈子的他好起来，享享儿孙福。虽然现在家里的电器、家具所剩无几，但扎西白珍不后悔，因为她没有给自己留下遗憾。

从曾经的一家之主，到现在卧床不起的病人，丈夫内心是多么痛苦，久而久之，脾气也因此变得暴躁，作为妻子，她能理解他的痛苦，清楚他内心的煎熬。十多年里，老耿对扎西白珍发脾气，扎西白珍从不计较。由于她的视力减弱，有时为他伤口换药时，看不清他的伤口，不小心碰疼了他，他就会大发雷霆，不停地责骂她，甚至拿着拐杖打她，她都只是默默地承受，希望这样的发泄能减轻他内心的痛苦。

丈夫在病重期间，向扎西白珍提出一个请求，希望她能带他去看看拉萨火车站。为了满足他的心愿，在一个天气晴朗的日子里，扎西白珍和小女儿陪着他去了一趟火车站。丈夫坐在轮椅上，默默地望着火车站里熙熙攘攘的人群，久久不语。当一阵长长的汽笛声划过雪域高原的上空时，再也抑制不住情绪的丈夫突然放声大哭，哭着说他这辈子唯一遗憾的就是不能坐火车回南京老家,看看年迈的母亲。

这样心酸的场面,使许多人停下了匆忙的脚步,同情地注视着这个伤心的老人。扎西白珍很理解丈夫的心情,作为家中的长子,丈夫本应担负起照顾母亲的责任,但由于长年在西藏工作,经济条件也不允许他经常回去看望母亲,生病后更是身不由己了。为了让丈夫安心,扎西白珍只能偶尔寄些钱和特产给老家,让婆婆知道她的儿子是很挂念她的。

在丈夫弥留之际,他用颤抖的双手紧紧地握着扎西白珍的手,微启着煞白的嘴唇不停地念着她的名字,断断续续地说道:"谢谢你照顾我那么多年……你嫁给我的时候才二十多岁,那么年轻,那么漂亮,我答应会让你过好日子……可是我的身子不争气,这一病就是十几年……让你受苦啦!我到了另一个世界也忘不了你啊!"这一席发自肺腑的话让扎西白珍泣不成声,只能紧紧地握着他的手,轻轻地抚着他瘦削的脸颊,直到他永远地闭上了双眼。

如今老耿已去世近一年了,扎西白珍每个星期都去为他扫墓,带上他最爱吃的烧烤和扣肉,陪他坐坐、聊聊天,回忆他们一起走过的日子,那一刻,他仿佛又回到了她的身边。

从扎西白珍身上,我们看到了藏族妇女勤劳善良的传统美德,看到了中华民族的基本道德典范,平凡中让人感悟到人间的真、善、美。扎西白珍用自己的故事演绎了新时代民族团结的凯歌,为大家树立了良好的学习榜样。

本文作者:王琪儿

原载中国西藏网(2010 年 7 月 29 日)

杰素丹珍：她的 180 个孩子

我们摒弃华丽、繁复，让最本真的情感自然浮现，让慈善呈现给世人的是一张张笑脸。

"阿妈啦！"3 岁的小多吉亲切地扑到杰素丹珍的怀里撒娇。看到如此温馨的场面，你不曾想到这是一位 55 名孩子的母亲。她叫杰素丹珍，是一位瑞士藏胞，到现在和她的丈夫已经抚养了 180 多名孤儿。如今，在堆龙保育院里她和 55 名孩子快乐地生活在一起。

为了孩子 14 年如一日

14 年前在援助西藏发展基金会的帮助下，堆龙德庆县杰素丹珍保育院建立起来，这些孩子才有了今天的家。回忆起从前，杰素丹珍无限感慨，1990 年她从瑞士第一次回西藏，当时正值冬天，天气异常寒冷，她看见两个衣着单薄的

阿嘎在明亮的教室里接受教育

流浪儿童在垃圾堆中找吃的,她决心让他们吃一顿饱饭,但是餐馆的老板却不让他们进屋, 当时她很气愤就和老板吵起来,从此她发誓要为那些被遗弃儿童的权利而努力。

杰素丹珍是瑞士籍藏胞,从小失去了父母,在几岁时被人带到了印度,而后到了瑞士。1990 年杰素丹珍回到了自己的出生地西藏拉萨。她深知失去父母的孩子是多么的无助,他们需要温暖、需要关心,他们应该有个幸福的家。

为了让孩子们健康成长,她决定放弃国外优越的生活,回到青藏高原,为西藏的孤儿献上自己的温暖。在援助西藏发展基金会的支持和帮助下, 加上从亲朋好友处借来的钱和自己的 800 瑞士法郎，一所 1000 平方米的藏汉式保育院于 1993 年在堆龙德庆县乃琼镇拔地而起。

14 年间丹珍与丈夫一共抚养了 180 多名孤儿，在迪庆、理塘、康定都有得到过她帮助的孩子，她一直默默地关心呵护着那些需要帮助的孩子。

孩子们共同的妈妈

在堆龙德庆县杰素丹珍保育院，记者看到，有 55 名孩子住在一排两层藏式小楼里。保育院里有花园、篮球场、乒乓球台，还有一个儿童乐园。保育院会客室的墙上贴满了孩子们和丹珍一家的照片，还有资助他们的各国友人的合影。孩子们为了表达对丹珍的感激之情，围着她跳起了阿嘎舞，唱起了欢快的歌曲。

今年 21 岁的格桑加措在保育院生活了 14 年，是院里最早的一批孤儿之一。他说，他从小失去父母，是杰素丹珍把他抱回了保育院抚养成人。他现在是西藏藏医学院大二的学生，他和其他孤儿都亲如兄弟姐妹，都把丹珍看成自己的亲妈妈。

3 岁小男孩丹真多吉，从纳木错牧区来，他家境贫寒，母亲很早去世，兄弟姐妹 5 个，父亲整日酗酒无力照顾他。

丹珍女士忆起去年小多吉刚来保育院时的情景，因为严重的营养不良，小多吉骨瘦如柴，肚子高高鼓起，整日哭个不停。记者看到现在的小多吉很健康、快乐，在丹珍女士的怀中甜蜜地依偎着。

保育院得到社会各界的帮助

丹珍女士说，开办保育院十多年来，让孩子们快乐成长、学有所成是她最大的愿望。这其中既有辛酸，也有快乐，

但看到保育院的孩子们茁壮成长,她非常自豪。丹珍说:"当我看到孩子们像一朵朵绽放的鲜花一样健康快乐地长大时,我觉得自己是世界上最富有、最幸福和最幸运的女人;当我为经费发愁的时候,是援助西藏发展基金会、堆龙德庆县民政局和社会各界各国朋友伸出援助之手。其中,既有中国人,也有美国、瑞士、德国的热心朋友,感谢这么多人关心和支持我的事业。我和丈夫年事已高,但是我的两个儿子会继续投入帮助孩子的事业中去。"

本文作者:龙昊

原载《拉萨晚报》

尼玛潘多:"平凡"的璀璨人生

春风化雨,润物无声。平凡之举亦可以闪出熠熠光芒。

她没有过多的语言,却总是默默用爱心关怀着别人,不求回报、不图名利;尽管家境并不富裕,她却用自己尊老爱幼的实际行动赢得了周围群众的交口称赞;在工作中,她总是率先垂范、任劳任怨,以人性化管理的方式获得了同事的信任和尊重。她就是第四届全国孝老爱亲道德模范——尼玛潘多。

孝老爱幼,平凡之举显大爱

他们本来非亲非故,却因为尼玛潘多的善良之举成了密不可分、水乳交融的一家人。

十几年前,尼玛潘多在城关区扎细社区居委会工作。一个偶然的机会,尼玛潘多认识了达孜县德庆镇的次仁奶奶,并得知奶奶老伴身体不好,膝下又无儿女。尼玛潘多便经常去看望奶奶,细心地照顾其生病的老伴。1996年,次仁奶奶的老伴去世了,想到奶奶以后的生活无人照顾,尼玛潘多在和丈夫商量之后,决定把老人接到自己家里供养。但是,家里人听到这个消息后强烈反对,家里亲戚都说尼玛潘多家庭本来就不富裕,为了生计还要到处奔波,把奶奶接回来不仅增加了负担,而且也照顾不好老人。家人的强烈反对让尼玛潘多十分难过。整整一个晚上,她躺在床上辗转反侧,一时也不知道该怎么办。但是,善良的尼玛潘多是一个非常执着的人,只要是她认定的事,就不会放弃。第二天一早,尼玛潘多就开始做家人的思想工作,最终得到了家人的理解。在做通家人的思想工作后,尼玛潘多满心欢喜地收拾出一间干净的屋子,铺上全新的床单、被子,把次仁奶奶从达孜县接到了家里。

一生无子女的次仁奶奶在自己的晚年过上了儿孙满堂的幸福新生活。尼玛潘多和次仁奶奶聊心事，给她洗头、梳头；做小生意的丈夫进了新货，她毫不吝啬地给次仁奶奶换上新款的头饰、手镯；逢年过节给老人家一些零花钱，让她自己买想吃的东西；周末和她一起逛公园、晒太阳、转经……岁月如梭，次仁奶奶在尼玛潘多家里一住就将近二十年。

次仁奶奶在最后几年的时光里，身体状况每况愈下，尼玛潘多夫妇二人经常带着她去医院就诊。奶奶平时经常发烧输液，还做了一次妇科手术，后来肺和肠胃都不太好。2012年下半年，次仁奶奶在过世前的两个月，一直拉肚子，没胃口吃饭，打针吃药都不见好转。尼玛潘多觉得奶奶可能活不了太久了，就陪着奶奶去了一趟几十年没回过的林芝老家，了却了老人的一桩心事，最后一家人送走了老人。

2004年，尼玛潘多在扎细社区居委会菜地里看见了一名被遗弃的女婴，她不假思索就把孩子抱回了家，给她取名尼珍，当成了自己的亲生骨肉，给了孩子家的温暖和关爱。尼珍现在已经12岁了，在城关区第二小学上学。"她很懂事，比一般的小孩更体贴家人，都学着做家务了，就是成绩不太好。这都怪我平时没有时间好好辅导，每次见到老师都不好意思。"尼玛潘多看着尼珍说，而尼珍则不好意思地笑了笑。

"尼玛潘多的事迹整个社区的人都知道，无私奉献、尊老爱幼，为一个没有血缘关系的老人养老送终，这是爱心，也是恒心，更是值得学习的好榜样。"在曾经工作过的社区领导和同事的眼中，尼玛潘多是一名好员工，一位好大姐。

爱岗敬业，舍弃小家顾大家

天有不测风云。2002年，尼玛潘多不幸遭遇车祸，不得不放弃工作，在家里休养了9年的时间。"2010年的一天，居委会的领导很关心地问我身体恢复得怎么样，城关区在招聘环卫工人，问我是否愿意报名参加，想到自己的身体恢复得还可以，我就立即去报了名，应聘上了环卫工人。"尼玛潘多心存感激地说。

一开始的时候，尼玛潘多身着环卫服清扫大街，觉得面子上过不去，见了熟人不敢抬头，更不敢说话，因为她觉得自己做的工作好像低人一等。

2010年7月底，城关区集中1000余名环卫工人，开展为期20余天的清理整治活动。那是个作业强度极大、作业时间不稳定且日均作业时间超过16个小时的非常时期。在清理整治过程中，附近的居民及过往群众看到尼玛潘多和同事把小山似的垃圾一点一点清理完毕，大街小巷变了样，无不交口称赞，感谢环卫工人们的辛勤劳动。看着周围群众溢于言表的喜悦，尼玛潘多第一次感受到"脏了一个人，换来万人洁"的环卫工作是一份值得做的工作。

　　每天清晨5点多，人们还沉浸在甜蜜的睡梦中，尼玛潘多就要摸黑起床，顾不上认真洗漱，甚至有时候还会穿反衣服，就匆匆奔向繁忙的工作岗位。冬季晚上10点下班，夏季通常到夜里11点才能结束一天的工作。

　　自从担任了老城区和城东区的中队长，尼玛潘多负责的区域"最难啃"，每天都要安排部署700多名环卫工人的工作任务，她更加忙碌了。为了方便工作，尼玛潘多放弃了单位安排的督查车辆，自己骑电动车不停地在老城区和东城区的大街小巷穿梭。"一般电动车配置的是4块电池，我专门多配置了2块电池，才能满足一天的工作量，所以我的电动车比其他车辆要重。"轻抚着自己的"宝马"，尼玛潘多说道。

其实让电动车重量增加的原因还有一个，那就是在电动车的坐垫下，塞满了尼玛潘多的工作笔记和入户登记本等。每一天要做什么工作，做了什么工作，尼玛潘多都记录得清清楚楚。因为翻动得多，笔记本的边边角角总是烂得很快，她就用针线和胶水缝缝补补，继续使用。工人家庭还存在哪些困难、需要哪些帮助，在入户调查后，尼玛潘多像建档一样把每户的情况一一详细记录。"环卫工人大多数都是弱势群体，除了安排他们的工作，我们必须要主动去关心他们。"

早中晚饭点，尼玛潘多都没有时间回家吃上一口热饭，更别说为家人做上一顿可口的饭菜。一日三餐，尼玛潘多算是"走到哪里吃到哪里"。"到了饭点，我们就近选择一家甜茶馆，随便填饱肚子就好了。"

"我回家后就倒在沙发上一动也不想动。虽然每天都在干着和清扫城市有关的工作，但是都没有时间和精力好好清扫自己的家，回到家我就变成了一个'懒人'，平时也只能一周打扫一次。"尼玛潘多打趣地说道。

舍己为人,挑战自己抗病魔

2002 年遭遇车祸后,尼玛潘多因轻度脑震荡,患上了脑萎缩,嗅觉和味觉都受到了损伤。自从干上了环卫工人这份工作后,面对高强度的工作任务,尼玛潘多凭借着自己的信念和毅力不断地挑战自己,与病魔抗争,与此同时还不忘关心他人。

早在 2013 年,尼玛潘多的胆结石就时常发作,剧烈的疼痛让不轻易掉泪的尼玛潘多忍不住掉泪,城关区环卫局得知她的病情后曾经安排她立刻手术,却被她拒绝了。"那个时候拉萨正在创建全国卫生城市,工作任务很重。"就是这样一个理由,尼玛潘多的手术拖了将近一年,这段时间,胆结石引发的剧痛每周最少两次。

经过全国爱卫办有关专家的评估,拉萨市整体卫生水平达到了《国家卫生城市标准》的要求,2014 年拉萨成为全国卫生城市。而这个时候的尼玛潘多,圆满完成了自己作为一名环卫工人的任务,也终于躺在了病床上。据尼玛潘多的主治医生介绍,为尼玛潘多实施手术还有一个难题是她窦性心动过缓,这主要是由长期的过度劳累和饮食不规律引起的。

"饮食确实不规律,只要自己有事情,吃没吃饭完全不在考虑之中,有时候饿过了头自己都忘了,只有胃疼的时候才想起来没有吃饭。"尼玛潘多说。因为上班时间长,小女儿尼珍在家里也没有人照顾,所以尼珍放学后都是跟着妈妈。"现在她的胃也不怎么好了,一年时间里就住了两次医院。"尼玛潘多看着在一旁玩耍的女儿,一脸愧疚地说,眼中噙满了泪水。

就在尼玛潘多住院的时候,居住在甘肃兰州的公公也生病了。爱人马德祥说要留下来照顾她,但是想到公公也需要人照顾,老人比自己更需要丈夫,尼玛潘多替他买了车票,让马德祥回了兰州。这就是尼玛潘多,始终把"孝"放在首位。做完手术后的第3天,她所管辖路段的3名环卫工人在作业时不幸遭遇车祸。她听到这个消息后,立即向上级领导汇报,并且毅然让医生拔掉手上的输液针头,赶到自治区人民医院,处理3名工人的救治工作。在这过程中,尼玛潘多因术后腹部疼痛,一直都是弯着腰与医生和伤员家属交流情况,让大家既感动又心疼。

光环背后总是充满了艰辛。丈夫的生意亏本,欠债的日子漫长;正处青春期的儿子性格叛逆;尼玛潘多一个月

3000 元的工资收入差不多是这个家庭大部分的经济来源……但是尼玛潘多说:"为家人,工作再辛苦我也不抱怨,他们加在一起是我的全部,再苦再累都值得。我只是尽我所能帮助别人,我也不后悔。现在我的事情别人都知道了,我想也能影响一些人,我觉得这就是最大的回报。"

本文作者:裴聪

原载《西藏日报》(2015 年 12 月 23 日)

援藏情深

雪域高原鉴忠魂

——追记陕西第六批援藏干部、噶尔县委书记张宇

"太阳和月亮有着同一个母亲,她的名字叫光明;汉族和藏族拥有同一个母亲,她的名字叫中国……"这是在西藏流传最广的一首歌曲,也是优秀援藏干部孔繁森非常喜爱的一首歌——《一个妈妈的女儿》。

18 年后,还是在孔繁森工作过的阿里地区,同样喜爱这首歌曲的陕西援藏干部张宇,由于积劳成疾,突发心脑血管疾病引发急性心肌梗死,把自己年仅 44 岁的生命留在了祖国的边陲,留在了他热爱的噶尔县,留在了藏族同胞的心中。

到孔繁森工作过的地方去……

1994 年,刚刚参加工作 3 年的陕西省宝鸡市金台区政府办综合组组长张宇,被援藏干部孔繁森的故事深深打

动了。

"《孔繁森》的电影他看过两遍。那阵子他总喜欢跟我聊孔繁森。他说孔繁森之所以感人,是因为他在用心做事,用爱担当。张宇总说有机会一定要去西藏的阿里看看。"张宇的妻子马超一回忆起当年的事情。

以人为鉴,可以明得失。对孔繁森精神的这种感悟,无疑正是张宇在平凡的机关工作中脱颖而出的内因之一。

从宝鸡市金台区政府办公室的一名普通干部,到金台区区长助理,金台区副区长,金台区委常委、区委组织部部长,再到宝鸡市委副秘书长。十多年来,张宇在每一个工作岗位上都认真做事,用心做事,在实践中逐渐成长为一名优秀的基层干部。

十多年来,张宇一直情系阿里。他从网上搜集了很多阿里的照片,时常翻看。他一直向往着,能像孔繁森那样在祖国的边陲干一番事业。"人活着就要为世界留下些东西,只要有机会,就一定要为西藏做些事情。"

2010年4月,陕西省在全省范围内选拔第六批援藏干部,这一年张宇42岁,父母年迈,妻子多病,儿子太小……他无法超脱到为了自己的梦想而无所顾忌,但内心纠结的张宇终于情不自禁地对妻子吐露了心声:"年龄再大,我就去不了阿里了。这次机会真不想放弃。"

"去吧……家里有我呢。只要你能照顾好自己,我就全力支持。"同窗 4 载,夫妻 18 年,马超一对丈夫的爱与支持一直是毫无保留的。

报名、审核、核准、培训……随后的两个月里,张宇既忐忑又兴奋。经过几轮筛选,省委组织部批准了他的申请,他就要奔赴孔繁森工作过的地方了。

蔚蓝的天空,洁白的云彩,浑黄的土地,绵延起伏的冈底斯雪山,还有那奔腾不息的狮泉河水……

9 月,陕西省第六批共 40 名援藏干部奔赴西藏阿里地区工作,张宇被任命为阿里地区噶尔县委书记。面对如画的高原,张宇还来不及好好欣赏,就被严重的高原反应折磨得头痛欲裂。

阿里是喜马拉雅山脉、冈底斯山脉、喀喇昆仑山脉、昆仑山脉汇聚的地方。发源于冈底斯山脉和喜马拉雅山脉的狮泉河、象泉河、马泉河、孔雀河,不但哺育了阿里先民,见证了古象雄文明和古格王国的兴衰,还孕育了印度河文明,成为藏族的摇篮和藏文化的发祥地。同时,阿里又是西藏最为艰苦的地区,平均海拔 4500 米,空气中的含氧量不足陕西的一半,最低气温可达零下 40 多摄氏度。

噶尔,藏语意为"兵营"或"帐篷",与印度、尼泊尔接壤。这里是阿里地委、行署所在地和地区中心,是一个半农半牧的边境县,经济发展水平和基础设施建设比中国其他地区落后。

"噶尔的美我无法用言语形容,就像这里的贫困让我无法平静。但是,这样的现状也激发了我更强的斗志,这里应该就是我实现自身价值的地方。"这是张宇到噶尔后,发给妻子的第一条短信。

高原上盛开着美丽的紫花苜蓿

睡眠,是张宇到噶尔后面临的最大难题。由于高原反应,他每天的睡眠时间不足 3 个小时。同时,困扰他的另一个问题是噶尔的发展何去何从。

没有调研就没有发言权。到噶尔后不到一周,严重缺乏睡眠的张宇就下乡了。阿里地广人稀,道路大多是石子路,乡村之间动辄就是近百公里的距离,门士乡的门士村距离噶尔县城有 230 公里。

遇到低矮的土坯房,张宇总要进去看看,见到老妈妈就说"姆啦",见到老大爷就叫"波啦",握着藏民粗糙黝黑的双手就与他们抵着额头,嘴里说:"其让亚(你好)!"

　　为了尽快走完噶尔的每一个村组，张宇把行程安排得满满的。与他同行的程文杰，也是陕西第六批援藏干部，任噶尔县委副书记。程文杰回忆说："白天我们赶路、调研，晚上走到哪个村就住在哪个村，睡不着觉，张宇就拉着我谈噶尔的发展，一谈就是大半夜。"

　　2 个月时间，他们跑了 2 万多公里，几乎走完了噶尔的村村落落，与近百名党员、干部、藏族同胞话民情、谈家事、问发展。

　　离开陕西时，张宇体重 70 公斤，短短 2 个月，瘦了 5 公斤。虽然体重骤减，但张宇对西藏的了解日益深入，对藏族同胞的感情更浓了。

　　与张宇住在同一层楼的武装部政委李清玉，在张宇刚到噶尔时，听见他在唱藏语歌《一个妈妈的女儿》，便问道："张书记，你学过藏语？"

　　"最近和藏族同胞打交道，听会了一些。"张宇回答，"和藏族干部、群众用藏语交谈会拉近彼此的距离，不会有陌生感。"

　　2010 年 11 月 4 日，张宇在噶尔县委七届四次全委(扩大)会议上，提出"建设藏西中心城市、阿里经济强县、边境模范县"三大战略目标和"以中心城市建设带动县域城镇化，为经济强县搭建平台和载体；以发展农牧区和城镇经济为两翼，带动经济强县建设，促进噶尔县域城镇化和工业化;以边境模范县建设为中心,为城市建设和经济强县建设提供社会环境保障"的具体工作思路,为噶尔的发展明确了具体方向和路径。

在调研中,张宇发现,噶尔县农牧业发展面临的最大问题是过分依赖天然草场。

噶尔县可利用的天然草场面积约有 1200 万亩,县里牲畜实际存栏量约为 40 万头。天然草场的理想载畜量是 60 亩养 1 头牲畜,而噶尔县草场的实际载畜量是 30 亩养 1 头牲畜。

特别是一到冬季,原本就捉襟见肘的草场,越发难以满足牲畜的需求。因此,噶尔的畜牧业发展始终不快,也进一步制约了加工业的发展,畜牧产业链难以形成。

早在张宇之前,陕西的第四批援藏干部就从陕北带去了紫花苜蓿的种子,并在当地试种成活,打破了海拔 4000 米以上地区不能种植的理论禁区。每亩紫花苜蓿每年可产2500—3000 公斤草,相当于当地 100 亩天然草场的产草量。

"这么好的牧草,在这儿怎么就推广不开呢？"

"放了一辈子牛羊,突然之间让他们从牧民转变成农民,他们不但吃不了这个苦,也接受不了这样的转变。"驻藏干部噶尔县农业局副局长韩俊文来自陕北，在西藏已经待了七年多,深知藏族同胞不愿种草的原因。

"做农牧民的工作,关键是示范引导。"张宇提出,推广种植苜蓿,要先从动员村干部带头种植做起,同时通过免费提供种子、化肥等方式对紫花苜蓿种植进行适当补贴刺激。

果然,榜样的作用不可小觑,种子、化肥补贴的杠杆作用也充分发挥出来了。

5月,是苜蓿的种植季。2011年,噶尔的牧民表现出极大的种草积极性,当年种植紫花苜蓿1500亩。而在这之前,自2005年至2010年6年里,噶尔县推广种植的紫花苜蓿不到2000亩。

昆沙乡噶尔新村三组村民米玛次仁,种植紫花苜蓿40亩,在满足自己2头奶牛用草需求的情况下,还以每车600—700元的价格出售近10车紫花苜蓿,全年可增加收入3—4万元。

这一年,紫花苜蓿长势很好,牛羊冬天吃苜蓿照样长膘。很多牧民看到了种植紫花苜蓿的好处,原来不愿种植的人也都开始跟着种了。

张宇又趁热打铁,深入乡村召开现场会,大力推广宣传。他见了牧民就说:"人工种草基地是国家给你们的项目,把它建好、管好，赚的钱都是你们自己的。"

2012 年 5 月，又是一个紫花苜蓿的种植季。越来越多的牧民把种草作为今年农活的一件大事，紫花苜蓿种植面积再次实现跨越式发展，总量达到了 5450 亩，在 2011 年推广种植 1500 亩的基础上，又新增种植面积 2000 亩。不仅是紫花苜蓿，短短两年时间，噶尔县人工种草面积从 2010 年的不足 8000 亩迅速增加至 23000 亩，其中，2012 年就增加了 10000 亩。

如今，从昆莎机场通往噶尔县的柏油路黑漆漆的似一条长龙盘旋在山间，生机盎然的紫花苜蓿骄傲地仰望着蓝色的天空……

推广种植紫花苜蓿，是张宇到噶尔后打赢的第一场战役。

"今后我们每年要扩大 1 万亩，3 年后达到 5 万亩，农牧民人均 7 亩左右。"这是张宇对紫花苜蓿种植的规划。

整洁的噶尔欢迎您

正常情况下，援藏干部是三年一换。对于想在西藏有所作为的张宇来说，三年时间真的太短了。

在缺氧的高原，人们习惯性地把工作节奏放慢，张宇却要与时间赛跑。

　　"援藏资金一定要投到具有引导性、示范性、基础性的领域。"

　　"噶尔的发展不仅仅需要'输血',更需要'造血',只有县域经济强了,才能增加就业,增加税收,增强噶尔发展的后劲。"

　　"农牧业是噶尔发展的基础,工业和第三产业则是噶尔经济实现突破的引擎。"

　　"工业经济不一定就是污染经济,工业的空白正是噶尔发展的潜力所在。我们要走出一条可持续发展的路子,既要搞好工业化和城镇化建设,又要为百姓留下一片蓝天。"

　　……

　　通过反复调查研究和许多个不眠夜的思索,张宇对噶尔经济发展的思路一点点清晰,一步步完善。

　　在他的带领下,2011 年底,噶尔县委、县政府提出了建设"狮泉河生态产业园区"的发展规划,集中发展牦牛肉加工、牛羊皮革加工和规模化商砼等环保、高效项目。

　　"噶尔有丰富的矿产、最干净的矿泉水、最柔软的牛羊毛;噶尔流淌着最美的狮泉河、噶尔河;噶尔是古象雄文明的故里……"张宇总是带着无比热烈的感情,向客商介绍噶尔。

　　但是,一个奇怪的现象让张宇陷入了困惑。来噶尔考察的客商很多，投资的却没有，很多客商大老远地赶到噶尔，当天却又要离开。

"张书记，噶尔的环境太差了，高原缺氧我们是有准备的，但县城的条件实在没办法接受。"一个客商跟张宇讲了原因。

的确，噶尔的绿化比例太小，县城经常是狂风肆虐，街道上堆满垃圾，路边大小便随处可见，公厕得不到及时打扫，夏天臭气难闻。

"一定要让噶尔旧貌换新颜。要把噶尔打造成西藏最干净的城市。"

2011年，噶尔开始实施"大水大绿"工程，推进城市园林化建设的战役打响了。张宇积极与老家联系，邀请宝鸡市园林环卫专家做客噶尔出谋划策。专家们从噶尔特殊的地理位置和生态环境出发，结合实地调研，为噶尔城市建设和环境卫生量身打造了城市垃圾处理、公厕改扩建和街道清理三项工作方案。宝鸡市园林局还委派三名技术骨干，对噶尔城市建设进行长期跟踪指导。噶尔县城市垃圾箱、活动板房式垃圾收集站、水旱两用公共厕所的选址、设计、建设工作全面开展。

噶尔海拔太高，气候干燥，土壤肥力和湿度严重不足。

要大量植树种草,还要保证成活率,必须付出比内地更多的艰辛和努力。张宇就在植树种草的工地上搭起了帐篷,亲自坐镇指挥。他还亲自请教园艺师,搜集园林种植的各种专业书籍,从外行变成内行。

噶尔路是县城的一条土街道,由于地下石头太多,土壤水分难以保持。为了保证树木成活率,树坑要挖多深,每棵树要施多少肥、浇多少水,张宇都全程亲自示范,实现了树苗99%以上的高成活率。

据不完全统计,两年来,噶尔投入资金500万元以上,对狮泉河重点路段和单位院落进行绿化美化,仅2011年一年就完成植树造林3000亩,补植补栽1700亩;2012年又购置树苗58283株,在狮泉河镇南入口、219国道两侧5公里路段建设景观大道工程。

为巩固成果,在张宇的主持下,噶尔县制定和完善了《狮泉河城市市容管理办法》等一系列规章制度,大幅度加强了噶尔城市管理和环卫工作力度:把城市管理执法人员从8人增加到24人,把环卫工人从40人增加到80人,把人均工资从650元提高到1080元,还购买了价值30多万元的压缩式垃圾处理车。

只要有时间,张宇就会到街上走走,看看路两边新栽种的树活了没有,草绿了没有,看看规范的制度牌建立起来了没有,路两边的垃圾打扫了没有。

陕西德丰建筑工程有限公司总经理温晓峰,从2006年就来阿里发展。他也见证了噶尔近年来发展的历程:"噶尔变化最大的一年就是2011年。"

美丽的噶尔欢迎您!县域环境得到提升的同时,噶尔县狮泉河生态产业园区一期工程也同时启动了。

看到噶尔的变化,深深感受到噶尔诚意的客商们,开始郑重考虑投资噶尔。投资超过1500万元的阿里天鑫混凝土有限公司规模化商砼项目已建成投产,高档瓶装饮用水、皮革加工、卡垫生产等项目已达成入园意向。

天鑫规模化商砼是生态产业园区第一个招商引资项目,为了保证项目能够尽快落地并产生效益,张宇从规划到用地,再到优惠政策等都亲自过问,积极帮企业沟通协商。项目4月份开工建设,7月就顺利实现了试运营,8月初正式投产。天鑫规模化商砼在狮泉河生态产业园区的投产,不仅仅实现了目前阿里各建设工地混凝土的标准化、统一化供应,从源头上保证了工程质量,还在一定程度上增加了牧区群众的就业,扩大了噶尔县的地方财政收入。

2011年,噶尔全县完成生产总值1.43亿元,同比增长

18%；县级财政收入完成 2158 万元，同比增长 61%；农牧民
人均纯收入达到 4500 元，同比增长 23%；固定资产投资到
位 1.5 亿元，同比增长 50%……可谁又知道，在噶尔完成与
内地同样的工作量，就要付出两倍、三倍甚至更多的心血与
汗水。

中印边境上最美的社会主义新农村

2011 年 6 月 5 日，端午节前一天。太阳刚刚升起之际，
一辆满载着猪肉、白菜、烟酒等物品的车辆从县委大院驶
出，朝着扎西岗边防连疾驰而去。熟悉的人都知道，在端午
节即将到来之际，县委书记张宇又去看望慰问边防战士了。

"边境县首先要保证边防安全，保卫祖国领土完整。县
委书记首先要考虑边防安全，上任第一件事是调查研究边
防工作。国庆、中秋节将至，要慰问驻守边防一线的解放军、
武警官兵。"2010 年 9 月 15 日，张宇在题为"到县工作第一
件事是视察边防工作"的笔记中写道。

"坚决不能从实际控制线后退半步，关键时候，要钱有
钱，要人有人，有困难给县上说。"官兵们至今还记着他当时
掷地有声的话。

在一次去边境的路上，张宇看着外面，突然说："怎么搞

的,日土县的县界牌子什么时候插在了噶尔的地界上啦?回去查一下,把牌子移到原来的位置上。"汽车开出不远,全球定位系统(GPS)果然发出自动提示:你已进入西藏自治区日土县。车上一行人为张宇对辖区的熟悉程度感到佩服不已。

"一定要把噶尔建设成边境模范城市。"一到噶尔,张宇就给自己定下了奋斗目标。为切实保障边防安全,在每年重要时间节点,张宇都坚持 24 小时带班制度,并亲自带领公安干警和部队官兵进驻边境执勤点;为加强对重点区域和城区的管控,张宇争取资金 36 万元,建立了全县应急体系,增强了处置突发事件的能力;为防止敌对势力闯关,张宇每年都提前一周召开军地联合指挥所会议,部署防范工作,在荒无人烟的高原上,吃干肉、住帐篷,一待就是一周。

边境示范村——扎西岗乡典角村的建设,见证了张宇为"建设边境模范城市"所付出的心血和汗水。

2012 年 9 月 3 日中午,噶尔县扎西岗乡典角村,白色的院墙、房顶上的红色漆料在阳光下分外夺目,一排排错落有致的二层小洋楼在蓝天与群山的包裹中显得高贵而典雅。

典角村坐落在中印边境线上,与印度村庄仅仅相距不到1 公里。这里的群众住的是土坯房,生活很艰苦。张宇经过多次实地考察后,提出把典角村建设成为彰显社会主义制度优越性的社会主义新农村典范,以树立良好的国门形象。

自 2011 年 7 月开工建设以来,截至目前,噶尔已投入资金 1600 多万元,不仅为 22 户村民免费建起了现代化楼房,还配套建设了村委会办公楼、村民活动广场、篮球场、绿化带。同时,为解决村民的长远生计问题,典角村规划了居住区、养殖区、人工种草区、蔬菜大棚区四大功能区。

为确保工程质量,只要能抽出时间,张宇一定要到典角村工地上走一走,看一看。"在典角村遇上张书记是再平常不过的事情了,不管干的活有多脏,张书记都会与我们的每一位工人主动握手,询问我们外地来的工人能不能适应这里的环境,叮嘱大家一定要注意休息,保重身体。"提起张宇,关中建筑公司西藏分公司项目经理曹永宏动情地说。

"张书记来之前,我想都没想过能住上这么好的房子。"望着村子里已经拔地而起的一栋栋二层现代化楼房,典角村村民扎西曲培感慨地说。

为切实保障社会稳定,在张宇的安排下,噶尔县在 14 个村探索和推进了"2+1"长效维稳机制,采取 2 名驻村干部加 1 名治安中心户长的方式,充分发挥驻村工作队、大学生村干部和中心户长"人员熟、底子清"的优势,构筑起"户户自防、村村联防、驻村干部和中心户长带防"的社会维稳网络体系。

2011 年初,噶尔县遭受强降雪袭击,农牧民生命财产遭受巨大损失,获知消息后,正在休假的张宇立即返回噶尔。

"那几天,漫天飞雪,气温降至零下 20 摄氏度,每看望一户农牧民,大家都气喘吁吁,前胸透凉到后背,张书记面色惨白,嘴唇发紫,回来后在军分区输液三天才恢复过来。"回忆起那场雪灾,噶尔县委常委、政法委书记、公安局局长徐继文深有感触地说:"为了抓好维稳工作,张书记再苦的地方都要去,再累的事情都会干。"

"党建工作是经济社会发展的政治保证,干部队伍建设是经济社会发展的组织保证。"这是张宇生前对噶尔县领导干部常说的一句话。两年来,张宇以"强基固本"为目标,以"打牢党在农牧区的执政基础,让党旗和国旗在雪域高原高高飘扬"为主题,组织实施了基层优秀党组织创建活动和"带头执行法律政策、带头致富、带头反对分裂、带头建设和谐家庭、带头帮助其他群众"的基层优秀党员先进模范评比活动,构建起基层稳固、致富增收、造福人民的基层党建工作新格局。

张宇的辛勤付出,换得噶尔一方平安。2011 年,张宇先后被评为西藏自治区"民族团结先进个人"和"双拥模范先进个人"。噶尔县获得阿里地区县级领导班子综合目标管理责任制第一名、社会管理综合治理工作第一名、2010—2011年度党风廉政建设责任制先进单位……

雪域高原见证他的忠诚

2011年暑假,张宇的妻子马超一带着儿子张国尧来噶尔探亲。

到了噶尔,14岁的张国尧看到父亲的艰苦,难过极了。一间不大的宿舍里,每天限时供水两小时,哪天要是忘记了给水缸接水,晚上洗脸洗脚都会成为问题,停电更是家常便饭。由于缺氧,张宇每天都会头痛欲裂,根本睡不着觉,就是在这样的环境下,他的工作还是排得满满的。即使儿子和妻子去看望他,他也经常抽不出时间陪他们好好转转。

"爸爸太辛苦了!"不爱说话的张国尧,背着父亲悄悄地跟妈妈这样感叹。

2012年初,张宇的父亲病重,在临终前几天,张宇才抽出时间从西藏匆匆返回,守着父亲几天几夜,最终还是没能留住父亲的生命。由于工作需要,他甚至没来得及处理完父亲的后事,便又匆匆回到了噶尔。临行前,张宇怀抱父亲的遗像说:"爸,您活着的时候由于身体弱没能到西藏,现在就让儿子带您去西藏看看,去看看儿子工作的地方,请您相信,有儿子在,噶尔农牧民的日子一定会越过越好。"

没空陪伴妻儿,无法在父母面前尽孝,张宇却把自己所有的爱都毫不保留地献给了噶尔人民。

"我把噶尔当故乡,把噶尔人民当亲人,朴朴实实做儿子,认认真真干工作。"

从2010年9月到2012年8月的两年时间里,张宇改变了噶尔,为噶尔的发展增添了生机,噶尔的发展也让张宇更加热爱这片盛开着雪莲花的美丽高原。

直到2012年8月22日,张宇把生命永远留在了他最喜爱的噶尔。

这是张宇去世前最后十天的故事。

8月12日,经过连续几天的协调,张宇在拉萨终于谈妥了一个项目,此时他已感冒多日。有人劝他留在拉萨治疗,他拒绝了。

12日上午,张宇飞回噶尔县。下午,他听取了县长索朗次仁两个小时的关于自治区牧区人工种草现场会筹备工作的汇报。这是一次全自治区在噶尔召开的大型会议,自治区领导、相关厅局领导、27个县的领导都会来参加。之后,他又听取了县委副书记程文杰关于县委综合楼项目建设的汇报。当晚他又对人工种草现场会和县委综合楼进展进行了详细部署。

13日、14日，张宇集中精力筹备人工种草现场会，并听取典角边境模范村建设项目的进度汇报。下班后，他又与有关部门领导研究6个重点项目的落实及竣工安排。

15日，张宇去现场调研高效设施农业，筹备阿里地区党建工作现场会。

16日，张宇全天检查人工种草现场会的各项进展、国道沿线环境治理，前往驻军单位慰问，检查城区卫生，跑遍了县城的大街小巷。

17日人工种草现场大会召开。这一天到23日是西藏的传统雪顿节，全体干部放假。

18日到19日，张宇慰问藏族干部，还专门到副县长巴桑央宗家，祝贺她女儿考上北京一所大学。

20日上午，张宇慰问驻军，并在下午安排部署"创先争优强基础、惠民生"活动。

21日，噶尔县的天空飘着毛毛细雨，张宇出席了在户外举行的阿里地区基层组织建设年现场经验交流会。现场的《阿里报》记者发现，由于衣着单薄，寒风中的张宇冻得有些发抖，但仍然一丝不苟地向与会代表介绍情况。当天晚上，他因感冒一直在医院输液到深夜。

8月22日上午9时许，同事叫张宇吃早饭，发现宿舍房门开着，他趴在宿舍门口地上，手中攥着几片花盆里的树叶，再也没能起来⋯⋯

张宇的最后十天，忙碌而紧张。这是他在噶尔工作两年的真实写照。

两年时间，一位陕西干部对党的无限忠诚，由圣洁的雪域高原见证。

张宇去世后，当地百姓无不动容。

8月24日下午，举行遗体告别仪式这天，噶尔县会议中心挽幛如云，人如潮涌，气氛悲壮，哀声一片。数不清的哈达敬献在张宇的灵前，堆得像洁白的雪山。许多人站在他的遗像前泣不成声，泪如雨下。

送灵的车队缓缓前行，人们眼含热泪，紧随灵车，送了一程又一程。地广人稀的噶尔县，还从来没有聚集过这么多人；县委所在地的狮泉河镇，花圈脱销，许多干部群众流着热泪亲自动手做花圈、编花篮；出租车司机纷纷自发停运，齐声鸣笛，为这位彻底改变了噶尔面貌的县委书记送行⋯⋯

覆盖着党旗的灵车从噶尔到拉萨走了27个小时，途中，百姓纷纷出来相送，他们把家里最好的食物拿出来祭奠，流着泪感叹：张书记是好干部！

张宇去世后，中央组织部常务副部长沈跃跃做出重要批示，向张宇同志的去世表示沉痛哀悼，向其亲属表示亲切慰问，要求妥善处理好张宇同志的善后工作。

西藏自治区党委书记陈全国批示："张宇同志作为一名优秀的县委书记，为西藏的发展稳定献出了年轻生命，向其表示哀悼，向其家人表示慰问，要妥处后事，宣传好事迹。"

陕西省委书记、省人大常委会主任赵乐际批示："要切实做好善后工作，要更加注意关心援藏干部的身体状况和生活安排。"

陕西省省长赵正永批示："援藏干部张宇同志不幸病逝，深感悲痛。他坚守雪域高原岗位，勤勉为藏族同胞服务，精神值得学习和宣传。"

9月7日，陕西省委召开常务会议，会议决定，追授张宇同志"模范援藏干部""优秀共产党员"称号，并在全省开展学习活动。会议指出，陕西省第六批援藏干部、西藏自治区阿里地区噶尔县委书记张宇同志是新时期孔繁森式的援藏干部，是全省共产党员的杰出代表。全省广大党员干部要认真学习张宇同志信念坚定、党性坚强的政治品质，求真务实、开拓创新的优良作风,一心为民、鞠躬尽瘁的公仆情怀,扎根高原、献身边疆的奉献精神,淡泊名利、克己奉公的高尚情操,奋力拼搏、积极进取,履职尽责、创先争优,为全面建设西部强省做出新的贡献,以优异成绩迎接党的十八大胜利召开。

安息吧!巍巍冈底斯山承载着您的英魂,汩汩流淌的狮泉河水见证着您的足迹,不久的将来,您的梦想必将如满山遍野的紫花苜蓿般绽放在美丽的雪域高原。

本文作者:康传义、林琳

原载《陕西日报》(2012 年 9 月 19 日)

用心援藏的"有为书记"

——记江苏省援藏干部、曲水县委书记周广智

在拉萨市曲水县,有这样一位援藏的县委书记:

从进藏的第一天起,他就不断地告诫自己,要牢记党的嘱托,围绕发展和稳定两件大事,全心全意为人民谋福利;要通过自己的努力在雪域高原的广阔天地里勤奋工作,做一个有所作为的人。

4年来,他始终坚持下基层、搞调研、理思路,开创了曲水经济、社会全面协调发展的新局面;

4年来,他始终立场坚定、旗帜鲜明、冲锋在前、率先垂范,充分体现了对党忠诚、敢于负责的政治品格;

4年来, 他始终坚持视曲水为第二故乡,把群众当亲人,满腔热忱地为群众办实事、解难事、做好事,与当地群众建立了深厚感情,赢得了广大群众的衷心爱戴。

他就是江苏省第五批、第六批援藏干部,曲水县委书记

周广智。

"规划书记"

——以"农业抓调整、工业抓园区、农村抓配套、城市出形象"的发展思路,让曲水连续 3 年位居全市考评第一

周广智不会忘记。

2007 年 7 月 10 日,他一踏上曲水这片热土时,眼前出现的是欢迎的人群,热情的笑脸,醇香的美酒,洁白的哈达。这一切,是因为他们的到来。

作为江苏省选派的第五批援藏干部之一,这一天,周广智从江苏泰州来到西藏曲水。身处曲水县人民的热情迎接中,他看到了群众期盼的眼神。

曲水县地处西藏中南部的拉萨河下游,面积 1680 平方公里,与西藏其他地区相比,这里自然资源匮乏,没有矿产,也没有大的旅游景点,是一个典型的农牧业县。

在送走当地干部群众的当天晚上,周广智连夜伏案翻看手头上有关曲水的资料。

仅仅依靠发展第一产业,曲水是富裕不起来的。曲水要发展,出路在哪里?

带着这样的困惑,第二天,周广智不顾高原反应,开始

下乡调研。跑基层、访群众,听汇报、理思路……与群众交谈,和干部交流,在不到一个月的时间里,他的足迹踏遍了曲水的沟沟坎坎。在下乡途中,尤其是看到还有部分群众没有脱贫,日子过得清苦时,他非常揪心。他对身边的同志讲:"群众生活这样苦,我们不能坐着,要尽快改变这种状况!"

在对曲水的情况做到心里有数后,为了破解依靠第一产业发展的这一瓶颈难题,周广智召开县委扩大会议,提出"农业抓调整、工业抓园区、农村抓配套、城市出形象"的总体发展思路,提出确保人均生产总值、农牧民人均纯收入增幅超过全市平均水平,工业经济总量、财政收入翻一番,城市建设、新农村建设、特色产业发展取得新突破的"一个确保、两个翻番、三个突破"的发展目标。

根据各乡镇的资源现状,他提出要在原有的工作基础上,在曲水县城主要发展工业经济和服务业,在东边靠近拉萨的4个乡镇主要发展连片设施农业,在西边缺水的2个乡主要发展高原土豆和以核桃、桃子为主的木本经济作物的种植,初步形成符合曲水实际的区域经济发展规划。

思路决定出路。4年来,在这样的发展目标指引下,他用实际行动向曲水人民提交了答卷:2010年,曲水县实现人均生产总值13023元,工业总产值42000万元,财政收入

2274万元,分别是2006年的2.33倍、3.57倍和3.45倍。周广智实现了援藏工作一年打基础、两年上水平、三年见成效的目标。从2008年起,曲水县连续3年在全市综合考评中位列七个县区之首。

面对这样的成绩,周广智没有满足。他趁着曲水被确定为改革开放以来西藏唯一一个农村改革试验区的机遇,提出以同步推进工业化、城镇化和农业现代化为突破口,进一步统筹城乡发展,全面落实科学发展观,以新型工业化致富农牧民,以新型城镇化带动农牧区,以新型产业化提升农牧业,积极探索并走好具有曲水特色的"强农富民"之路,争取到2015年实现生产总值16.08亿元、工业总产值19.8亿元、财政收入突破1亿元,与全国人民一道实现全面建成小康社会的宏伟目标。

"瓜果书记"

——引领群众种植土豆、西瓜,打响了"曲水土豆""鑫赛西瓜"等品牌,让全县大部分农牧民实现了增收致富的凤愿

现在,曲水县达嘎乡群众富了。当提及这一变化时,他们都感谢一个人,那就是他们的"周书记"。

由于长期干旱、土地贫瘠,以前当地群众除了种植青

稞,就是种些油菜。一年下来,这两样的收成顶多是满足生活需求,要谈增收,根本是没门儿的事情。

这是多年困扰曲水县委、县政府的难题。2008 年,在多次实地察看土质后,周广智提出种植土豆的想法。当时,群众听后感到好笑,认为这是不可能的事情。为了说服群众种植土豆,周广智亲自到村里给村民算经济账。

那段时间,周广智抽空都要往乡里跑、往村里跑。县里有人跟他说:"这点事情,你派别人下去不就行了。"而他的回答是:"我下去和别人下去不一样。我不下去,群众怎么会觉着我心诚呢?"

让群众未曾想到的是,当年达嘎乡试种的 500 亩土豆获得大丰收,每户增收 1000 元。村民格桑罗布向记者说道,他家 7 亩地,现在有 5 亩种植土豆。"每斤土豆价格卖到 1 元,最低时也能卖到 4 角。每亩土豆产量按最低 2500 斤计算,最低也有 1000 元的收入。这比种植青稞划得来。"

在尝到种植土豆的甜头后,像格桑罗布一样,群众都学会算经济账。达嘎乡有耕地 15000 亩,其中 9300 多亩种植土豆,占到全乡耕地面积的 60%。"现在,通过种植土豆,全乡人均增收 2300 多元。明年,全乡种植土豆将达到 10000 亩。"在谈到达嘎乡发展规划时,乡党委副书记琼达特别自豪地说道。

如今，"曲水土豆"几乎控制了拉萨市场。只要曲水打个"喷嚏"，拉萨土豆市场就得"感冒"。

在曲水农业发展中，远远不止"曲水土豆"这一张名片。曲水"鑫赛"牌西瓜，在拉萨市场上也拥有一定的知名度。2007年，在提出"农业抓调整"的总体思路后，周广智提出"以乡镇自身条件为基础，大力发展设施农业"的新举措。

位于南木乡江村的曲水县瓜果蔬菜园区，2007年时只有160栋温室大棚，其中130栋还是简易大棚。通过对园区的深入调研，周广智帮助园区理清了发展思路，运筹发展规划，积极争取、协调、整合各方资金，投入2600余万元对园区温室进行改造，并新建半墙体高效节能温室438栋。南木乡乡长旺扎说："目前，园区通过土地流转和种植温室瓜果蔬菜，使当地218户群众受益，受益群众占全村总户数的80%，每栋温室帮助群众每年增加收入7000多元。"

在尼玛的温室大棚中，她正忙着给出土的花菜松土，之后又忙着浇水。现在，她家的6栋大棚，每年可创收4万多元。在没有大棚之前，她每年种植青稞和外出务工，忙死忙活落到手里也就四五千元。她说："现在虽然是忙了点，但开心。有时实在忙不过来，自己还会雇两三个小工帮忙。"

在园区的基础设施得以提升后，周广智还让园区的管理人员走出去，到先进地区学习先进的管理理念和经验，要求县直部门帮助和引导园区成立瓜果种植农民专业合作社。通过和园区种植户、合作社的座谈，他还提出转变以往"马路经济"为主导的经营模式，建立农企对接、农校对接、农超对接、专业分工等系列措施应对销售问题。

在促进农业发展的同时，周广智还提出要加大养殖业结构调整，鼓励农民从事改良牲畜养殖。才纳乡乡长昌珍说："2007年以前，才纳乡群众养殖本地奶牛，没什么收入。2007年以来，周书记大胆鼓励村民养殖改良奶牛，现在全乡改良奶牛达2000多头。仅这一项，村民每人增加300多元的收入。"现在，才纳乡家家户户都养殖起了改良奶牛。

"服务书记"

——专心服务于园区企业、不遗余力地为企业发展奔波协调，为工业"一穷二白"的曲水引来了"金凤凰"

"我们为什么要到曲水工业园区投资建厂？首先，曲水县有一个思想超前、团结奋进、带领全县人民干实事的领导班子；其次，曲水县人杰地灵，地理位置优越，例如中尼公路直通日喀则、樟木口岸，距航空港较近，与中心城市的距离适宜；最后，曲水工业园区水、电、路等各项配套设施齐备，是建工业厂房的首选理想之地。"在西藏远征纸业股份有限公司的车间里，公司常务副总经理王隆向记者列举了为什么要到曲水投资的理由。

西藏发展不像中国其他地区有相当规模的工业经济支撑。在曲水县，工业经济基础更是薄弱，工业发展可谓"一穷二白"。为了培育工业经济这一新的增长点，实现工业经济总量、财政收入翻一番的发展目标，2008 年，周广智提出大园区发展思路，将县城绿色农产品加工园区和聂当工业园合并为曲水县雅江工业园区，成立了西藏首家县级园区管委会。

有了梧桐树，如何引凤来？根据在江苏工作的经验，周广智提出，曲水要发展工业园区经济，首先要有扎实的服务思想。只有真心服务园区建设，切实支持园区发展，及时为园区排忧解难，才会把企业引进来。

"只要周书记不下乡不开会，除了组织县直单位领导到园区开会，协调解决有关困难和问题外，有空的时候，他总会到园区的各家企业转一转、走一走，详细了解企业有关情况，同企业家们共谋发展大计。"在这里入驻的企业家说。

西藏金哈达集团药业有限公司总经理扎西深有感触地说："如果没有周书记，我们药业公司早就关门了。"每次说到周书记的好,他都显得很感动。金哈达集团药业有限公司成立后,因生产批件一直未获批复,公司面临关闭的困境。周广智经过努力协调,于2009年帮助公司获得了藏药研发资格,争取到4个国药"准字号",使其成为西藏第一家藏医药研发公司和第一家藏药销售公司,把产业链延伸到了医疗研发和医药销售领域。

周广智还牵线搭桥,利用泰州医药产业的优势,帮助"金哈达"做大做强。

位于聂当乡的西藏信通水泥有限公司因生产工艺落后、设备老旧、年产量低,一直处于低迷的境况,500余名公司员工面临失业。周广智利用去拉萨开会、办事的机会,积极向上反映情况,终于得到自治区批复同意,将信通水泥有限公司与位于堆龙德庆县的两家水泥厂合并,重组成立了一家新的年产120万吨的大型水泥生产企业。目前,新企业已开始选址勘探工作,厂址初步定在曲水县。在此之前,这3家水泥公司年总产量不足60万吨。

在周广智的带领下,曲水县的产业结构不断优化,县域经济实现协调发展。2009年,雅江工业园区被拉萨市列入"一区三园"发展规划,升级为自治区区级工业园区。曲水县筹资4800万元对园区进行了扩建,使园区面积由原来的

0.8 平方公里增加到了 2.4 平方公里，与县城对接连片发展。

2010 年，曲水县共有各类企业 65 家，入驻园区企业占全县企业总数的 61%，税收占全县总量的 80%。西藏远征纸业有限公司、高争民爆公司等一批投资规模大、科技含量高的产业集群正在形成，由吉鹰铝业等企业生产的产品还填补了西藏市场的空白。

"和谐书记"

——"坚决支持国家重点工程建设，坚决维护群众合法权益，坚决打击违法犯罪行为"，他为发展中的曲水带来稳定和谐的好局面

中央第五次西藏工作座谈会强调：做好新形势下西藏工作，必须把维护稳定作为硬任务和第一责任，深入持久地开展反分裂斗争；必须凝聚人心，汇聚力量，切实做好民族宗教工作。

曲水县位于拉萨市西南 65 公里处，地处交通要道，社情复杂，是西藏反分裂斗争的前沿阵地之一。周广智从来到曲水的第一天起，就立足长治久安，始终把反对分裂和维护稳定、促进和谐作为全县工作的重中之重，坚决维护曲水的社会稳定。

2008 年拉萨 "3·14"事件发生时,正在休假的周广智得知消息后,立即中断休假,火速返回了工作岗位。回到曲水的当天,他顾不上片刻休息,直接奔赴维稳工作第一线,了解情况,检查工作,看望慰问乡镇工作组成员和设卡干警;主持召开党政联席会议,听取维稳工作汇报,研究贯彻落实自治区、市党委指示的具体措施,并且按照"不反弹、不蔓延"的工作要求,对全县维稳工作做出了安排部署。

拉萨"3·14"事件后,他又着眼于曲水县的长治久安,认真研究部署维稳基础工作,及时主持开展矛盾纠纷排查调处,使机场专用公路建设过程中发生的近千起矛盾纠纷在基层化解;加强乡镇公安派出所(警务室)建设,实行了政法机关联村和政法干警进村工作制度;牵头制定了《曲水县宗教领域八项管理制度》等制度,推进全县宗教领域管理工作实现了制度化、规范化、常态化。

维护社会稳定,促进社会和谐,思想教育必须常抓不懈。在不断出台完善有关规章制度的同时,他还组织全县利用"西藏百万农奴解放纪念日"等重大节庆,积极开展多种形式的教育活动:通过开展新旧西藏对比教育,引导干部群众深刻理解"谁在造福西藏人民,谁在祸害西藏人民"的道理;通过大力宣传党的富民惠民政策,引导广大干部群众真

323

正了解"惠从何来,惠在何处",不断坚定群众跟党走的信念和决心。

当前,曲水县经济社会发展正处在转型时期,各种矛盾、问题复杂交织。如何顺利化解这些矛盾纠纷,周广智有一套自己的办法。他通过注重开展矛盾纠纷排查调处工作、把解决矛盾的关口前移的办法,及时协调处理机场专用公路等引发的多起矛盾纠纷。

同时,为了增加群众的现金收入,他还鼓励群众成立运输车队。目前,全县800余车辆正活跃在铁路建设工地上。

结合"五五"普法工作和社会治安的实际,在他的带领下,曲水县还建立健全了护院队、护校队、护厂队、护路队、护村队等内保队伍及以治安员、巡访员、监督员、帮教员、调解员、协管员为主的群防群治队伍,实现维稳工作群防群治常态化,使曲水的社会局势呈现出和谐稳定的喜人景象。

时光荏苒,岁月如梭。2010年7月,作为江苏省第五批援藏干部的周广智,已经完成了他的援藏使命。当大部分援藏干部都选择回原地时,他却选择了留任。对此,他说:"一方面,我和曲水人民在一起已经有三年时间,这三年,我为曲水人民做了一些事情。这些事情中一些已经有了成效,一些还需要我做得更好,所以我选择留下来;另一方面,这三年,我和曲水人民朝夕相处,彼此之间有着深厚感情,他们不希望我走,我也舍不得离开他们。另外,为了保持援藏工作的连续性,组织上也希望我留下来。"

和他已经共事4年的曲水县县长孙宝祥说:"广智书记总是踏踏实实工作,认认真真做人。他结合实际,总结经验,总能创造性地处理工作中所遇到的困难和问题。他经常深入农牧民群众之中,了解群众疾苦,听取群众心声,在群众中树立了很高威信。更难能可贵的是,他政治坚定,旗帜鲜明。他是曲水干部学习的榜样。"

在曲水县委工作的一名干部说:"周书记是好人。他为曲水人民做了实实在在的事情,曲水人民永远不会忘记。"

本文作者:王杰学

原载《西藏日报》(2011 年 10 月 19 日)

援藏干部模范许晓珠：
援藏，无悔的选择

援藏干部模范许晓珠，现任佛山科学技术学院副校长

　　5月24日上午，我接到一个校内电话："安老师，我是晓珠。我想到你家坐坐。"晓珠就是我任教的佛山科学技术学院副校长许晓珠，作为相交近20年的老友，我不必说什

么"不胜荣幸""欢迎欢迎"，只说："我在家，你来吧。"已是副厅级的他，言谈举止和我在二十年前认识的市委机关工作人员"小许"一样，质朴、谦和、真诚，所以，在他担任我校副校长的两年里，我还没叫过他一次"许校长"。这并非不恭，而是他不喜欢，我也不习惯。

他和我谈他的工作近况，征询我对新校园建设的意见，我发现他双眼布满血丝，就问他身体如何，他摇摇头却又笑着说："不太好，特别是记忆力衰退，这是援藏后遗症……"我不由得内心一震，作为温家宝总理表彰的"援藏干部的模范"，晓珠在接受中央、省、市媒体采访和巡回演讲中，从没提到"援藏后遗症"，我脱口便问："你不后悔吗？"晓珠用坚毅的口吻说："为了建设小康西藏、平安西藏、和谐西藏，我只是尽了一份共产党员的责任！援藏，这是我无悔的选择！"倘若，我在报刊上读到这句话，我会以为这铿锵的语句近于套话，但许晓珠说出来，我感到字字千钧，因为这句话凝结着他为西藏、为藏胞奉献的汗水、血水和泪水。

我手头有一本中央组织部办公厅、广东省委组织部、西藏自治区党委组织部联合主编的《援藏干部的模范——许晓珠》，细心的读者一定会发现，封面照片上的许晓珠双眼饱含泪水，背景是墨脱县崎岖的雪山小道。我陡然想起艾青的诗句——为什么我的眼里常含泪水，因为我对这土地爱得深沉。是的，许晓珠之所以成为继孔繁森之后，第二个被藏胞传颂的汉族援藏干部，答案很简单：爱！爱西藏的每一块土地，爱西藏的每一位藏胞！

男儿有泪不轻弹，可许晓珠援藏三年，经常热泪盈眶，泪花纷飞……

2004年6月，许晓珠在赴墨脱的山道上，遇到一个背负十几公斤物品的9岁小背夫，他想上前帮一把，可孩子倔强地说："不能和你分运费。"他要在假期挣够学费。许晓珠流泪了。

当他上任副书记、副县长后，得知墨脱是中国唯一没通公路的县，藏胞最重要的收入是充当劳力得来的——翻山越岭每背0.5千克物资可得2.2元。许晓珠流泪了。

2006年12月，几位援藏干部唱起一位在墨脱工作的大学生与外地爱人分手后写的歌，唱到"一个人不能同时踏上两条征途，而我选择了这一条墨脱小路"时，许晓珠流泪了。

进山途中，山石飞坠而下时，门巴族向导欧珠奋不顾身，跑到许晓珠面前将他一把推开时，许晓珠抱住素昧平生的欧珠，又流泪了……

泪水未必代表软弱，相反，当泪水内含着的爱转化为改天换地的决心时，泪水何尝不是男人刚强的情感宣泄。正如中央电视台记者写的："谁又会想到，就是这个上任第一天就在当地老百姓面前哭鼻子的人，改变了墨脱老百姓几十年的生活方式和生活状况。"

明知墨脱修路比登天还难，但许晓珠硬是要登天！为了这条路，他几乎跑遍了全县 58 个行政村，两年不到光鞋就穿烂了二十多双；为了让中央、自治区立项修路，许晓珠 14 次进出"生死墨脱路"，数十次前往北京、拉萨。2005 年 10 月，西藏交通厅批准了墨脱境内公路修建方案，2009 年交通部批准了林芝—墨脱公路修建方案，今天的许晓珠可以笑了。当初他看到的还停留在刀耕火种原始生产状态的墨脱即将迈向幸福美好的明天。

2005 年，回佛山汇报工作并为墨脱筹集扶贫助学善款的许晓珠约我见面，他邀我赴墨脱生活一段时间，为墨脱创作报告文学或电视片脚本，我受他的感染，爽快应允。虽然因客观原因未能如愿成行，但晓珠的那次谈话给我的印象是：晓珠脸上多了层高原红，晓珠心里多了重藏胞情。他扯起裤管，让我看进墨脱途中被旱蚂蟥叮咬的疤痕，和我说勤劳、质朴却又贫困的墨脱人，让我难忘的是他说的一句话："援藏不只是尽职，我也得到了心灵的净化、思想的升华。"他心里想的除了支援西藏，还有向西藏和藏胞学习。

当地藏胞称许晓珠是"拼命三郎"。是啊,援藏三年,晓珠是拼了命的。广东省医院王玲医生说:"许晓珠不顾当时11月大雪封山,不惜冒着生命危险去翻越海拔4300多米的雪山。当时他神志不清,那是脑细胞严重缺氧啊!"这正是晓珠对我说的"记忆力衰退""援藏后遗症",但是,许晓珠无怨无悔,除了温总理等中央领导的表彰,藏胞回报给他的是比雪还纯、比山还高的深情。《援藏会刊》主编王树云说:"听说许晓珠回来了,四面八方的老百姓捧着当地的甘蔗、香蕉等特产来看望他……在他身上印证着这样一个朴素哲理:谁把人民记在心里,人民就会把他举过头顶……"

在和我交谈中,晓珠多次提及他的爱人和儿女,听得出他有一份歉疚。我知道,他爱人患有心脏病,14岁的女儿出生时患上脑瘫,至今生活不能自理。舍小家顾大家,晓珠的付出是常人难以想象的,也难怪时任广东省委书记的张德江在接见晓珠时动情地说:"你的事迹我前后看了三次,非常感动,你是共产党员的榜样。"

晓珠现已告别墨脱,在我任教的大学担任副校长,他面对的是另一座无形大山,我相信他同样能交出一份闪光的答卷。

晓珠离开了西藏,但他的精神将久久地留在西藏。为了建设团结、民主、富裕、文明、和谐的新西藏，更多的援藏干部将像许晓珠一样，吃苦在前，享乐在后，淡泊名利，甘于奉献，为党和人民的事业不懈奋斗！

我欣赏那位援藏大学生写的歌《墨脱路》："一条无尽的小路，一行无声的脚步，留下个背影给后人的眼眸，留下个路标给后人指路。"

晓珠留下了背影在墨脱，很高大。

晓珠留下了路标在西藏，很坚实。

《援藏干部的模范——许晓珠》封面上双眼含泪的他又一次映入我的眼帘，可是，在泪光闪烁中，我读到的是"无悔的选择"。

本文作者：安文江

原载中国西藏网(2010年7月12日)

王长春：
"西藏铸就我的人生高地"

王长春接受中国西藏网采访

　　"西藏的医疗条件和医疗观念与北京相比还有一定的差距。正是因为这样，才需要我们这些援藏工作者。"王长春是这样说起援藏工作初衷的。

2007 年 7 月，作为中央和国家机关第五批援藏干部，王长春踏上了西藏这片热土。在西藏,由于缺氧和高寒的生存环境,高原病和代谢紊乱等疾病的发病率很高,严重影响着干部群众的身心健康。为保障在藏广大干部群众的健康,使他们能最大限度地在自己的工作岗位上发挥光和热,以完成建设西藏、发展西藏、保卫祖国边疆的重任,刚到西藏的王长春,还来不及适应高海拔的环境,就开始了对各大医院的调研工作。由于交通不便,他就给各地医院逐一发函去电,询问医疗设备情况,想办法尽可能多地掌握当地医疗设施和配置的总体情况。在对基层医疗设备配置有了一个全面的了解后, 王长春开始思考西藏卫生领域存在的问题和如何整改的方案。

西藏自治区的保健医生队伍人手十分紧张, 身为神经外科医生的王长春经常会冲到第一线。2008 年初春,王长春放弃了春节休假,留在西藏坚持工作。3 月 14 日,藏历新年和农历春节刚刚过去,人们还沉浸在节日的气氛里。达赖集团组织策划了拉萨"3·14"打砸抢烧严重暴力犯罪事件,许多无辜市民受伤甚至失去生命,商铺被洗劫一空,房屋店铺被烧毁,政府机关被冲击,甚至学校、医院也被烧毁破坏。西藏自治区卫生厅立即成立了救治应急办公室, 积极救治伤员。王长春不顾个人安危，积极加入了应急医疗保障的行列，不分昼夜地带领医护人员为工作在一线的各级干部和工作人员送医送药。

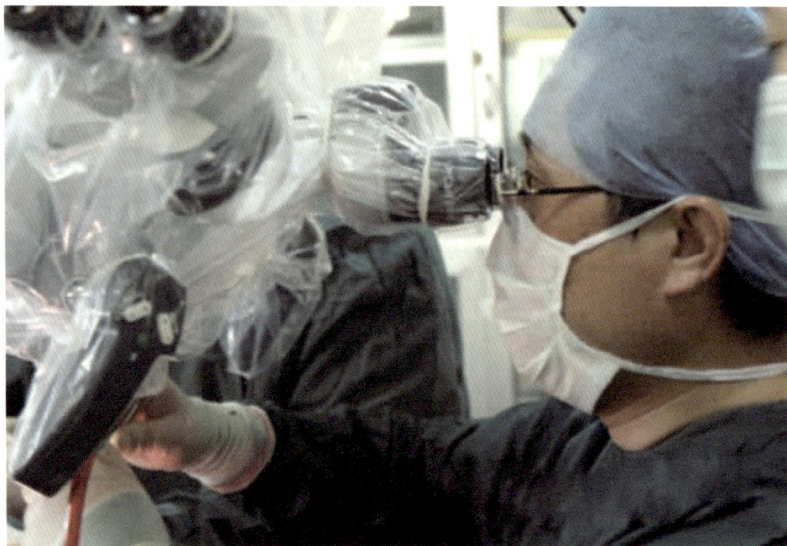

身为神经外科医生的王长春经常会冲到第一线

身为一名神经外科医师，除了干部保健工作，他还经常奔走于各个医院，发挥其个人专长，传授临床医疗技术。援藏期间，他应西藏军区总医院领导的要求，抽出时间悉心指导西藏军区总医院的神经外科工作，手把手地指导年轻医生开展显微外科训练，为多名藏族同胞成功实施了显微外科手术，为显微神经外科在西藏的普及打下了一定的基础。

每当说起那段日子，王长春总是无比感慨："西藏铸就了我的人生高地！"说起援藏工作,王长春说:"我从来没有觉得辛苦,有很多同志在西藏工作了十年、二十年,将自己的一生都献给了西藏的建设事业。正是他们身上的那种'西藏精神'鼓舞和激励着我,使我始终以苦为乐,以干为荣。"

援藏三年, 王长春同志凭着对党的事业的无限忠诚,对人民的无限热爱,甘愿将青春奉献给高原,将汗水抛洒在西藏。王长春吃苦不言苦,有痛不说痛,舍小家顾大家,用满腔热情书写了自己的援藏篇章。回到北京已有四年,王长春同志和西藏的感情却愈加深厚。四年来,他继续为来京求医的西藏患者提供无偿援助,为西藏的干部群众和回到北京的援藏战友提供医疗咨询和保健服务……王长春同志在西藏工作的时间是有限的,而他为西藏人民服务的事业是无限的！

本文作者:宋家丽

原载中国西藏网(2014 年 8 月 14 日)

"大山儿子"的援藏情

——专访国家卫生计生委第六批援藏干部贺青华

贺青华在阿里调研

　　贺青华的援藏故事要从一封来信讲起。他50岁生日的时候,收到了80岁高龄的恩师写给他的一封信,信中恩师饱含深情地称他是"大山的儿子",并叮嘱他要以"西藏的稳定和民生"为首要任务。这是恩师在得知他参加援藏工作之后,写给他的一封信。虽然只有短短一页半,却饱含着老师对他的谆谆教导：作为援藏干部不仅要吃透中央的精神,还要结合西藏的实际情况开展工作；要谨慎用好手中的权力,办事处政要深思熟虑；切记不要沾染享乐之风、奢靡之风和排场之风……"被选派入藏工作是党组织对我极大的信任,我不能辜负派出单位和受援单位的重托,也不能辜负恩师对我的期望。"至今,在这封恩师来信的空白处,依然可见当时贺青华写下的那几行勉励自己的话。

2010年7月31日,贺青华以一名援藏干部的身份任西藏自治区卫生厅副厅长。在此后的三年时间里,他广泛参与了西藏卫生领域开展的各项工作。其中,2012年西藏开展城乡居民暨在编僧尼免费健康体检工作,贺青华觉得这是最有意义的工作之一。

回忆起藏族同胞参加体检的场景,贺青华说："虽然语言不通,但从他们的神情和动作上,我就可以感受他们的感激之情。"很多藏族同胞,一辈子没有走出过大山,有的人连听诊器都没有见过,更别说X线胸透、心电图和B超了。

在援藏的三年时间里,贺青华总是以饱满的热情投入到西藏医疗卫生事业的建设中。2012年,西藏决定通过"政府主导、各部门配合、全社会参与、援藏省市和企业支持、医疗卫生机构积极奉献"的救助机制,用两年的时间针对西藏患先天性心脏病的儿童开展免费筛查和救治工作。这项工作随访要求高、难度大,因此做好方案的制定工作至关重要。为了把医疗救治方案做实、保障可操作性,他协调多方,在区内外连续奔波,不辞劳苦,仅两个月就印发了方案。每当看到治愈儿童灿烂的笑容和藏族同胞敬献的洁白哈达时,他就会忘记奔波的劳顿、缺氧的难眠、离家的愁绪。正因为有一批像贺青华一样,为保证这项工作顺利进展而默默付出的人,才保证了更多的先天性心脏病患儿得到了免费的救治。"对于这些藏族的小孩子,只有医疗救助是不够的。各地还专门动员了一些当地与他们同龄的小伙伴作为志愿者,陪他们度过动手术的那段日子。"贺青华说。在救治先天性心脏病患儿的工作中,他接到过一封来自安徽的信,是一个曾经陪伴过西藏先天性心脏病患儿的孩子给他写的信,信中充满了孩子的童真。

贺青华在日喀则看望先心病儿童

贺青华依然记得：2012 年 6 月 1 日，他突感左肩剧痛，向同事交代好工作后，只身来到医院。医生怀疑他患有急性心肌梗死，需要做"冠状动脉造影"以进一步诊断病情。考虑到西藏的医疗条件，医生劝他跟家人商量，最好回北京做造影检查。贺青华的态度十分明确："我作为一名国家卫生行政部门的援藏干部，这种检查都要回北京做，怎么能让别人对西藏的医疗水平有信心呢？我对自治区人民医院的医疗水平有信心。"

在工作中，贺青华恪尽职守、兢兢业业，出色地履行了一个援藏工作者应尽的职责。但对于家庭，他时常觉得自己有太多的亏欠。贺青华和妻儿常年与岳母在一起生活,特别是儿子的成长,倾注了老人很多心血。贺青华在家的时候,一家人其乐融融,老人享受着天伦之乐。然而,就在他援藏期间,一向健康的岳母突发疾病,当贺青华得到消息的时候,岳母已经离开人世。谈到自己没能见到老人最后一面时,贺青华难掩心中的悲痛:"这么多年来,我的儿子是跟着岳母长大的。岳母抚育他成长,教给他做人、做事的道理。我这个做女婿的,还没来得及报答她,她就不在了。"

很多援藏干部都有类似的经历——自古忠孝难两全,他们远在雪域,把自己的热血和汗水洒在那片土地上的时候,往往还要承受着"子欲养而亲不待"的悲伤。贺青华说,从与爱人结婚起,岳父母就拿自己当儿子一样看待,让他们颐养天年,是做儿子应尽的义务。人生中谁也会遇到很多的遗憾,但没能为老人送行,成了贺青华一生的悲痛。"在岳母离开后的清明节,我从西藏回到北京。在她的墓前,我在心里跟她念叨一些西藏的事情,"贺青华说,"我总也忘不了,组织跟我谈话让我去西藏的时候,岳母跟我说的话。她非常支持我去支援西藏,临行前还叮嘱我在西藏要尽心竭力地工作。三年来我在西藏所做的一切,没有辜负她的嘱托。"

任何人都会留恋家庭的温暖和幸福。是什么理由,能让人们暂时离开自己温暖而幸福的家庭呢？或许不同的人，会有不同的理由。但在援藏工作者身上，总有一个相同的理由，那就是祖国的边疆建设需要他们。作为党和国家的干部，他们离开自己的家庭，为了西藏千万个农牧民家庭的温暖和幸福，义无反顾地投入到西藏的建设与发展中去。援藏之艰辛，非亲历者不能体悟其彻骨；援藏之收获，非亲历者不能感受其丰硕。一次援藏行，终身西藏情。

本文作者：宋忻忆

原载中国西藏网（2014 年 8 月 6 日）

一次援藏行，一生西藏情

——记援藏干部孙玉明

西藏，对于很多人来说是一个熟悉而又陌生的地方。熟悉，是因为似乎没有人不知道那里是被称为"世界第三极"的雪域高原；陌生，是因为不是每一个人都可以与那片神奇的土地进行"零距离"的接触。当援藏的机会摆在孙玉明面前时，他毅然决然地选择了踏上高原之路。

2010 年，对于有着五年常驻法国工作经历的孙玉明来说，本应该顺理成章接受科技部党组织的任命，再次远赴欧洲走上科技外交岗位。但孙玉明在中央党校学习期间，科技部党组书记与他的一次谈话，使他结下了与西藏的不解之缘。孙玉明还清楚地记得，那天是 2010 年 7 月 2 日。当时有到两个地方工作的机会，一个是作为第六批援藏干部赴西藏任职；另一个是作为第一批援青干部到青海任职。组织征求他意见的时候，他几乎不假思索地同意了到地方一线工作。

孙玉明说："我当时只回答了两句话：一是我愿意到地方工作；二是如果可以选择，我愿意去西藏接受挑战，如果不能选择，我无条件服从组织的安排。"

孙玉明一直觉得，到西藏工作，虽然对于他个人来说是偶然的，但对于国家来说，却是一种必然。"无论是我，还是任何一个科技部的成员，去西藏工作都是践行中央'支援西藏'的战略决策，"孙玉明说，"科技部党组始终高度重视援藏工作，自从中央确立了援藏战略，科技部每一届都会选派一名优秀的工作者去参加西藏的建设，我为能有这样的机会而深感荣幸。"

孙玉明说："援藏工作可以从两个层面来看，一是从中央层面，援藏是党中央做出的一项重大决策，接受这项任务，是践行中央的使命，也是一个党员干部应尽的责任。从个人来看，西藏艰苦的条件、恶劣的自然环境和神奇的历史文化，是磨炼意志、砥砺精神、净化心灵的绝好平台，西藏120万平方公里的土地是一个巨大舞台，任你驰骋、尽情发挥。"

从1995年第一批援藏工作者赴西藏任职，到现在中央已经先后派出七批援藏干部。在基础条件相对落后、生活条件艰苦的西藏工作，孙玉明觉得，这正是升华自己品格的一次机会。回忆起自己的援藏经历及和他有着相同经历的援藏干部，孙玉明颇有感慨："让我感到欣慰的是，我们绝大部分援藏干部都一心一意地为了西藏的稳定与发展，做出自己的贡献。我们所做的工作，是按照中央的要求，受各派出部门、对口援助省市和企业之托，在西藏自治区党委和政府的领导下，把自己融入西藏、融入西藏的经济与社会发展当中，融入整个西藏发展的大局当中去，思考问题、推动工作。"

在西藏工作的近 3 年半时间内，孙玉明 42 次进出西藏，脚步踏及西藏 74 个县中的 60 多个县，遥远且条件最为艰苦的阿里地区就去过 8 次，在西藏行车达 15 万多公里。

孙玉明总是说，西藏有它的特殊性，很多问题都必须亲自接触了、实践了、探讨了才有发言权，因此在并不了解西藏的时候，一定要慎行。主观臆测往往会造成盲目决策，从而产生不切实际的后果。他说：没有到过西藏不足以言藏，没有在西藏工作过不足以决策西藏。

孙玉明和援藏干部队伍中的每一位成员一样，对于西藏，总有一份割舍不下的感情。在谈到自己离开西藏，回北京工作的时候，他非常笃定地说："一次援藏行，一生西藏情。我想无论今后我走到哪个工作岗位，为西藏服务都是我义不容辞的责任。"虽然离开了西藏，但孙玉明却用他自己的行动,继续默默地为西藏做着自己的贡献。他常年资助一名牧民的儿子上大学。在他看来,人才是西藏发展的关键,也是制约西藏发展的重大瓶颈。提起这个在华中农业大学就读的藏族孩子,孙玉明很是骄傲地说:"他成绩很好,很快就上大学四年级了,我想,如果他愿意并能够继续深造,我愿意为他支付硕士乃至博士学习的费用。"

这就是一个援藏工作者对于西藏的情感,一份走到哪里都忘记不了的西藏情怀。

本文作者:宋忻忆

原载中国西藏网(2014 年 8 月 5 日)

"他是我们心底的亲人！"

——记广东省第六批、第七批援藏干部肖国鑫

"您像一缕阳光照进我家,让我有了重生的希望。您用爱心挽救了我,挽救了我们家……"这是家住波密县玉许乡白玉村的曲宗写下的一封感谢信。收信人是广东省第六批、第七批援藏干部、波密县农牧局副局长肖国鑫。

今年 15 岁的曲宗,患有先天性肢体残疾,下肢不能行走。同龄人在宽敞明亮的教室里接受教育,在阳光蓝天下玩耍,在弥漫着青草香味的田野里收获粮食时,她却只能待在家里,昼夜不离房门,默默流泪。

但灾难并没有因此放过曲宗,2009 年,一向疼爱她的父亲在一次意外中不幸离世,让她完全丧失了生活的信心。这一切,曲宗的母亲看在眼里,急在心上:"自从爸爸离世之后,曲宗的脸上就没有过笑容,我担心万一发生什么意外,也会……"父亲的离世让这个本就不富裕的家庭雪上加霜,面对高昂的医

药费,曲宗一家只能选择放弃治疗,懂事的曲宗没有哭也没有闹……

2010 年,肖国鑫作为第六批援藏干部被派到林芝地区波密县担任农牧局副局长。在同年的一次送医送药下乡活动中,肖国鑫第一次见到了曲宗。看着曲宗弱不禁风又意志消沉的样子,肖国鑫专门向村干部询问了曲宗一家的情况。"我要尽我所能地帮帮她。"肖国鑫暗下决心。

在同事眼中,这位内地来的干部愈发忙碌了:他隔三岔五就跑到玉许乡看望曲宗一家;一听说有医疗专家到波密,他总要亲自跑去为曲宗咨询一番;他还积极联络社会救助机构,希望能通过社会的力量帮助曲宗渡过难关……肖国鑫已经成了小曲宗的"代言人",对于曲宗的病他也俨然成了"半个专家"。

尽管有肖国鑫不遗余力的帮忙,小曲宗一家的生活还是举步维艰。为了维持生活,也为了减轻肖国鑫的负担,曲宗的母亲决定让小女儿德珍退学。得知这一消息后,肖国鑫立刻前往曲宗家给曲宗的母亲做起了思想工作:"困难只是暂时的,曲宗已经没有办法上学了,如果德珍再不上学,她们以后的人生只会更艰难。"这一席话打动了曲宗的母亲,德珍得以继续上学。曲宗说:"上天关闭了我行走的大门,但老天爷是公平的,让我认识了您,您对我们的帮助让我感受到了阳光般的温暖。"

由于曲宗的病情过于复杂,目前的医疗技术不能让她痊愈,肖国鑫下定决心——身体上的病治不了,心病一定要治好。除了继续为曲宗求医问药,肖国鑫还担任起曲宗的"心理辅导师",每次到曲宗家,他总会拉着曲宗聊天,给她讲张海迪、海伦·凯勒、霍金等人的故事,鼓励她保持乐观的心态,就这样,曲宗脸上的笑容越来越多了。

四年的时间转瞬即逝。如今,曲宗已经慢慢走出了痛苦的深渊,她开始做一些力所能及的农活;妹妹德珍已是小学三年级学生,放学回家后还会时不时教姐姐自己学到的东西,当起了"老师",曲宗也在妹妹和"肖叔叔"的帮助下学起了知识……曲宗一家的生活渐渐好转,而肖国鑫也成为曲宗一家人心中最亲的"亲人"。

"虽然我不能站着为您祈祷,但我要在心里虔诚地为您祈福,祝福好人长命百岁。"在写给肖国鑫的感谢信里,小曲宗写下这样的话语。

本文作者:王雅慧、索朗群培

原载《西藏日报》(2014 年 8 月 7 日)

孟祥韬：
奔波在雅江岸边的山东汉子

"真情如雅江滔滔连绵，我们唱响幸福美丽的中国梦……"

这是山东省第七批援藏工作队新创作的《奔向日喀则的呼唤——山东援藏干部之歌》，也是山东省潍坊市第五批援藏干部、南木林县委常委、副县长孟祥韬最近刚学会的一首歌。这段日子，孟祥韬天天哼唱它。

汹涌磅礴的雅鲁藏布江，多少人为它的气势而惊叹。然而，在雅江北岸，却是一眼望不到边的沙漠化荒滩。潍坊市第四批援藏干部已在这里搭起了改天换地的框架。作为接力者，孟祥韬在2013年6月第一次来到这里时就暗暗下定决心，一定要让雅江北岸绿起来、让这片土地"活"起来、让周围群众富起来。

为了规划生态示范区的发展，孟祥韬白天在现场考察调研,晚上查阅资料,每晚都要工作到深夜两点。在各级政府和山东省援藏工作队领导的支持下,孟祥韬与县里的同志、援藏的同行一起抢工期、抓进度,确保了生态示范区建设的顺利开展。

县里的同志劝他:"这里不是内地,干工作要悠着点。"

孟祥韬却笑着说:"我身体好着呢,工期却一天也拖不得。"

2014年3月29日,他感觉胸闷气短、持续低烧,此时正处生态示范区植树造林的开局阶段,同事们都劝他好好休息,他坚持"轻伤不下火线"。4月9日,为了保证"潍坊援藏十大项目集中开工仪式"的顺利举行,早上8点,孟祥韬就来到仪式现场,事无巨细地指挥布置,没有人注意到他那38摄氏度的体温、苍白的脸色和发紫的嘴唇。仪式成功举办,可是他却病倒了。

4月17日,孟祥韬由于肝部损伤住进潍坊市人民医院,医生要求他至少住院治疗一个月并休养三个月。在住院期间,人虽躺在病床上,但他的心早就飞回了热火朝天的南木林雅江北岸项目施工现场,每天他都要打电话询问项目建设的进展情况。

5月7日,病情稍稳定的孟祥韬死缠硬磨,主治医生无可奈何地同意了他的出院请求，再三嘱咐他要注意休息、按时吃药、定期复查。孟祥韬一回到雪域高原，就把医生的话丢到耳后，像以前一样全身心地投入雅江北岸的项目建设。如今，生态示范区新栽植的 8000 亩 60 万株林木枝叶舒展、茁壮生长，呈现出一片生机勃勃、绿意盎然的景象，看到这一切，孟祥韬感到由衷的欣慰。

艾玛乡松东村地处雅江北岸生态示范区核心区域，65户村民中有 61 户是贫困户，建村以来一直没有独立的饮用水源，只能到别的村讨水吃。孟祥韬在调研中发现了这个情况，他多次联系专家、水利部门、所在乡政府和驻村工作队，筹集资金 32 万元，2014 年 6 月为该村实施"无塔供水"工程，并铺设自来水管道，让甘甜的井水流到每一户村民家中，老百姓高兴地把这口井命名为"团结泉"。

"走到哪里，就要弄清楚哪里的情况，要为当地的群众解决困难与问题。"望着自西向东流淌的雅江水，孟祥韬更加坚定地说。

本文作者：陈志强

原载《西藏日报》(2014 年 8 月 11 日)

没讲完的墨脱故事……

——漳州援藏女医生林丽琴 3 年墨脱情

墨脱，藏语意为"隐秘的莲花圣地"，曾因山高谷深、道路隔绝而被称为"高原孤岛"。在 2013 年 10 月前，墨脱还是全中国唯一不通公路的县。因为偶然看到的一篇文章《墨脱情》，墨脱在林丽琴的心中，既遥远又神秘，同时也很贫穷。那会儿林丽琴就想，如果有机会去墨脱，为那里的人们做点什么，她一定会欣然前往。冥冥中，林丽琴与墨脱，虽相隔千万里，却注定了会相遇。

生死墨脱路

2010 年 7 月，作为福建省第六批援藏队唯一的女队员，林丽琴第一次踏上去往墨脱的路。就是这第一次，让她终生难忘。因为恰逢雨季，318 国道波密通麦段塌方，为及时赶到墨脱，林丽琴和队友们等不及道路的抢修，选择徒步穿越塌方区。第一次在高原密林里跋山涉水,高原反应和疲劳让林丽琴近乎崩溃,靠"墨脱等着我"的信念,她坚持走到了波密。第二天一早,林丽琴坐上了去往墨脱的车。波密到墨脱,110 公里的路,车子却开了整整 28 个小时。看着车轮子在距悬崖边不足 20 厘米的路上行驶,林丽琴吓得胆战心惊。车子一路颠簸,到墨脱时已是深夜。好不容易安顿下来,准备休息的林丽琴此刻才发现衣服根本就脱不下来。28 个小时的车程,加上路况不好,林丽琴的后背和车子后座不停摩擦,早被磨出一大块伤口,晚上发现时,衣服和伤口已经粘在了一起,因为路上太过紧张,她居然都没有意识到后背的疼痛。林丽琴咬着牙把衣服从伤口上生生撕下来,一瞬

间,后背血肉模糊。夜晚没有电、没有信号、没有网络,宿舍里闷热无比、蚊虫成群,强烈的孤独感、对女儿的思念和对家人的眷恋不断涌上林丽琴心头,那一晚向来以"女汉子"著称的她哭了,因为路的艰难,因为这里的不易。

墨脱路,路难行。春天水大,夏天下雨塌方,冬天冰雪路滑,路上时有意外发生。这样的路,三年里,林丽琴走了二十几趟。每走一次,林丽琴都有一种穿越生死的感觉:"说真的,每次走墨脱路,我都不知道能否平安通过。在这条路上,我看到了太多的意外,生死往往就在一瞬间。"

医者仁心,大爱如水

在墨脱的第一台手术,林丽琴至今历历在目。有天晚上8点多,队员们正在吃饭,林丽琴接到电话:"有一个比较麻烦的病人,你能过来看一下吗?"林丽琴二话没说直奔医院,现场情况让她一下子傻眼了。病人宫外孕大出血,重度休克,需要马上手术,可医院没有麻醉医生,也没有血源,如果手术,病人随时可能发生意外;如果连夜转院,病人受不了路上二十几个小时的颠簸。人命关天,林丽琴心一横,咬着牙上了手术台。

一台普通的宫外孕手术,在墨脱却变得异常艰难。夜晚的墨脱电压不足，手术室灯光微弱，林丽琴叫医务人员举着四个手电筒照明；人手不足，选取器材、消毒、局部麻醉，全是她自己动手；没有设备，观察不了病人各项生命指标，全靠她的经验。让林丽琴欣慰的是，在她和同事的努力下，病人平安了，林丽琴觉得自己来对了墨脱。

在墨脱的三年中，为了给产妇接生抢救，林丽琴背着药箱爬过塌方区，穿过蚂蟥遍地的丛林，翻过雪山蹚过河。她尽最大的努力去挽救每一个生命，尽最大的努力让每一个生命都活得更美好。三年里，她给1200多人看过病，做了26台手术，成功抢救了42名病重患者，下了18次乡，夜间

出诊76次。林丽琴说,记得这么清楚,是因为每一个数字后面都是一个故事。"每次下乡,老乡们都会把我围在最中间,然后不停地说着谢谢,献上一碗碗黄酒。经常有边远山区的老百姓,徒步好几天到县城来找我看病,她们坚信我这个内地来的医生能治好她们。"林丽琴顿了顿接着说,"这一份信任,我无以回报,只能全力以赴!"

爱在墨脱,割不断的情缘

2013年,林丽琴结束了援藏工作。林丽琴说,墨脱给了她太多美好的回忆。"墨脱的百姓,你给他5分,他回报你10分。"现在,一提起墨脱,林丽琴总习惯这样说:"我们墨

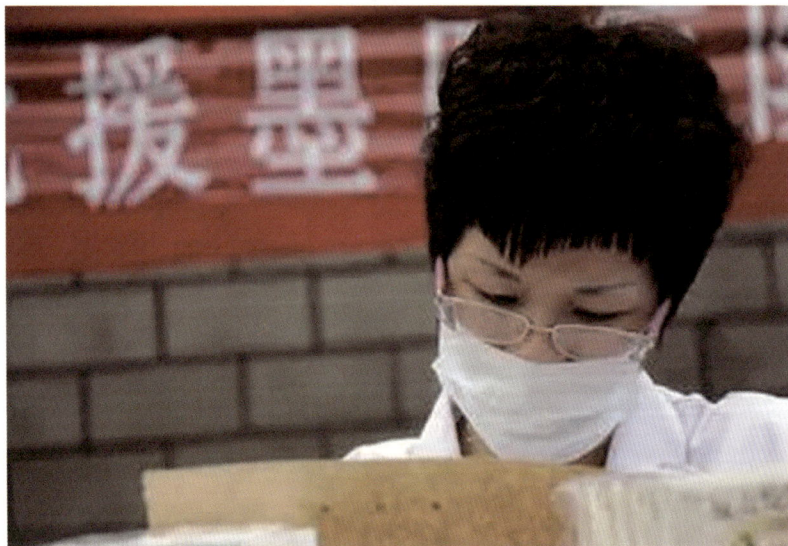

脱……"三年时光,转瞬即逝。患者的信任和感恩,新生命的美好,还有那些真诚的笑、感恩的泪、暖心的话,这些都深深印在了林丽琴的心里。

墨脱很远,墨脱很美,援藏三年,墨脱早已成为林丽琴生命中不可割舍的一部分。在这里,她有太多的故事没有讲完,有太多的故事还在继续……

原载"雪域青稞"微信号